ADYASHANTI

Die Wahrheit im Herzen des Lebens entdecken

ADYASHANTI

Die Wahrheit im Herzen des Lebens entdecken

advaita media

Amerikanische Originalausgabe:
Adyashanti
THE MOST IMPORTANT THING
Discovering Truth at the Heart of Life

Deutsche Ausgabe:
Adyashanti
DIE WAHRHEIT IM HERZEN DES LEBENS ENTDECKEN

Übersetzung: Matthias Schossig
Lektorat: Dr. Robin Wilkening, Dr. Rüdiger Porep
Umschlag: Muni Konradi (Gestaltung und Aquarell)
Innenteil und Satz: Katja Dorow-Schwart
Druck & Bindung: CPI Moravia Books s.r.o., Pohořelice

Neuausgabe 2023

Die Erstausgabe ist erscheinen unter dem Titel:
DAS WESENTLICHE – Die Wahrheit im Herzen des Lebens entdecken

ISBN 978-3-936718-74-4

advaitaMedia – *Weisheit aus der Stille*
Am Gutspark 1
D-23996 Saunstorf
info@advaitamedia.com
www.advaitamedia.com

Bibliografische Information der Deutschen Nationalbibliothek.
Die Deutsche Nationalbibliothek verzeichnet diese Publikation in der Deutschen
Nationalbibliografie; detaillierte bibliografische Daten sind im Internet über
http://dnb.d-nb.de abrufbar.

Inhaltsverzeichnis

Einführung

Unser inneres Leben ist ebenso erstaunlich, verwirrend und mysteriös wie die unendlichen Weiten des Kosmos.

Seitdem denkende Menschen auf diesem kleinen blauen Planeten zwischen den Sternen leben, erzählen sie einander Geschichten. Das Geschichtenerzählen begann vor langer Zeit damit, dass unsere Vorfahren in mondhellen Nächten die Sicherheit eines offenen Feuers suchten und von den Ereignissen des Tages, des Jahres oder von ihren Vorfahren erzählten. Und obwohl wir heute über Technologien verfügen, die weit über alles hinausgehen, was sich unsere Vorfahren je hätten erträumen können, erzählen wir uns weiterhin jeden Tag Geschichten. Vielleicht sogar – in unseren Gedanken – jede Minute. Jeder Moment unseres Lebens ist eine neue Geschichte, ein Roman ohne Ende, in dem täglich neue Kapitel aufgeschlagen werden. Und wenn wir genau aufpassen, werden wir feststellen, dass einige dieser Geschichten Momente der Gnade enthalten, in denen wir mit Weisheit oder Liebe und Verständnis beschenkt werden. Solche Geschichten können Licht in unser Leben bringen und es zum Besseren wenden.

Im Jahr 2017 begann ich, jede Woche einen Podcast mit dem Titel *Moments of Grace* (Momente der Gnade) aufzunehmen, in denen ich hoffte, einige dieser Weisheitsgeschichten aus meinem eigenen Leben zu vermitteln. Als ich Geschichten aufnahm, die mir kleine Einsichten oder ein besseres Verständnis der Liebe verliehen hatten, bemerkte ich, dass sich ein zentrales Thema herauskristallisierte. Auf die eine oder andere Weise zeigte mir jede der Geschichten, wie wichtig es war, sich an dem zu orientieren, was ich als „das Wichtigste" bezeichne. Die Geschichten zeigten mir, was meinem Leben einen Sinn gibt. Sie vermittelten mir, wie wichtig es ist, herauszufinden, worauf es wirklich ankommt. Ich spürte, wie sie meine Fähigkeit schulten, das Wichtigste an jeder Situation zu erkennen. Das Erzählen meiner inneren Geschichten ermöglichte mir, das Spannungsfeld zwischen Absicht und Gnade immer wieder neu zu erleben und zu hinterfragen.

Im Laufe der Wochen stellte ich schließlich fest, dass mein chronisch schlechtes Gedächtnis mir einen Streich spielte: Es fiel mir schwer, mich an Geschichten aus meiner Vergangenheit zu erinnern, die meinen Charakter und mein Leben geprägt hatten. Ehrlich gesagt lebe ich nur selten in der Vergangenheit, aber durch meine Serie „Momente der Gnade" hatte ich die Gelegenheit, einige der bedeutenden Geschichten aus meinem Leben noch einmal zu erleben und ihre Auswirkungen zu überdenken. Es war eine wundervolle und klärende Erfahrung, und im Verlauf des Projekts wendete ich mich immer mehr der Weisheit und Liebe zu, die ich durch diese Geschichten empfangen hatte. Ich versuchte herauszufinden, wie ich diese Quelle von Weisheit und Liebe in mir selbst finden konnte.

Unser Leben bietet alles, was wir brauchen, um tiefe Weisheit und Liebe zu erlangen – wenn wir nur lernen können, uns nicht von unseren negativen und verworrenen Gedanken fesseln zu lassen, sondern aus unserer eigenen direkten Erfahrung nützliches, inspiriertes Wissen abzuleiten. Dies erfordert disziplinierte Achtsamkeit und einen ungetrübten Blick auf unser Sein, von Augenblick zu Augenblick, sowie große Aufrichtigkeit des Herzens. Ich habe bemerkt, dass ich nur dann, wenn ich die volle Verantwortung für die ununterbrochene Wahrnehmung des Seins, von Augenblick zu Augenblick, übernehme, in Kontakt mit meiner eigenen Souveränität komme und ein Gefühl der Verbundenheit mit meinen Mitmenschen finde. Ich merke, dass die Erfahrung der Gnade zwar nicht direkt durch unsere Absichten und Prioritäten verursacht wird, doch in Verbindung mit ihnen steht. Diese Gnade ist es, die uns spontan neue Einsichten und tiefes Verständnis gewährt. Dieses Paradoxon von Absicht und Gnade verkörpert sich in der Entfaltung unseres Lebens und spiegelt sich in den Geschichten und Lehren dieses Buches wider.

Unser inneres Leben ist genauso erstaunlich, verwirrend und mysteriös wie die unendliche Weite des Kosmos. Denn jeder einzelne von uns ist Ausdruck des bewussten Seins. Wir enthalten die Weite des Kosmos in uns, so wie wir in ihr enthalten sind. Nach innen zu schauen und auf den ewigen Ruf zu antworten, sich selbst zu erkennen, ist vielleicht das größte und mysteriöseste Abenteuer von allen. Es ist der Schlüssel, um zur Wahrheit unseres Seins zu erwachen und das am höchsten entwickelte Leben zu führen, das wir uns individuell und kollektiv vorstellen können. Ich hoffe, dass dieses Buch nicht nur unterhaltsam und erhebend für dich ist, sondern dir auch die Werkzeuge gibt, um tief in die unmittelbare Erfahrung des Seins einzutauchen, so dass du deine eigene Erfahrung der Gnade findest, indem du dich dem Wichtigsten zuwendest.

Das Wichtigste – was ist das?

Kein spiritueller Lehrer, egal wie weise, und keine Lehre, egal wie tiefgründig, kann ein Ersatz dafür sein, selbst herauszufinden, was für dich das Wichtigste ist.

Was ist für dich das Wichtigste? Nicht die zehn wichtigsten Dinge, nicht die drei wichtigsten Dinge, nicht die zwei wichtigsten Dinge, sondern *das Wichtigste*. Ist es Erwachen? Ist es Liebe? Ist es Frieden? Es könnte alles Mögliche sein. Doch denke an deinen eigenen spirituellen Weg, an den Teil von dir, der auf der Suche nach Sinn ist. Mit „Sinn" meine ich nicht den Sinn des Lebens – der ist letztendlich eine Theorie. Ich spreche von Sinn als dem, was uns ein Gefühl von Vitalität, Lebendigkeit, Inspiration, Ruhe und Freude gibt.

Ich habe lange darüber nachgedacht, was für mich das Wichtigste ist. Ich habe es aus verschiedenen Blickwinkeln betrachtet und mit Führungskräften, Sportlern, Musikern, Schriftstellern, Künstlern aller Art und vielen Menschen gesprochen, die Hervorragendes vollbringen. So lange ich mich erinnern kann, habe ich mich für Menschen interessiert, die Dinge besonders gut machen. Diese Menschen definieren, was ihnen am wichtigsten ist, und setzen alles daran, es in ihrem Leben zu verwirklichen. Alle Menschen, die Außergewöhnliches hervorbringen – wie etwa Warren Buffett, Miles Davis, Michelangelo oder spirituelle Leitfiguren wie Buddha oder Jesus –, haben eine innere Orientierung und ein echtes Gefühl für das Wichtigste im Leben.

Das Wichtigste für Buddha war die Erkenntnis der durch Leiden geprägten *conditio humana*: Krankheit, Alter und Tod. Er fragte: „Gibt es eine Lösung für dieses immense Problem des Leidens für einen Menschen?" Er orientierte sein ganzes Leben auf diese Frage. Er verließ seine Frau, seine Kinder und seine gesellschaftliche Stellung. Er ließ alles hinter sich, wurde ein *Sadhu*, ein Entsagender. Die meisten von uns werden nicht so weit gehen. Das ist in Ordnung, denn zu kopieren, was jemand anderes getan hat, ist einer unserer häufigsten Fehler. Wir sollten nicht sagen: „Wenn Buddha alles hinter sich gelassen hat, muss ich auch alles hinter mir lassen." Was wichtiger ist als der Verzicht, ist die innere Orientierung des Buddha, das Gefühl, dass er *sein Wichtigstes* gefunden hat. Sein Schritt, alles hinter sich zu lassen, um seiner inneren Frage nachzugehen, ist dabei sekundär. Was zählt, ist seine Antwort auf die Frage. Für Jesus würde ich sagen, dass die Antwort darin besteht, Gott in allen Dingen an die erste Stelle zu setzen – das war sein wichtigstes Anliegen.

Wenn du herausfindest, was für dich das Wichtigste ist, findest du Klarheit. Wenn ich mit Menschen spreche, besonders wenn ich unterrichte, frage ich oft: „Worum geht es in deinem spirituellen Leben? Worauf bist du ausgerichtet? Was suchst du?" Viele sagen: „Erleuchtung", was mich zu meiner zweiten Frage führt: „Was bedeutet das für dich? Was ist das für eine Erleuchtung, die du suchst?" Dann erkläre ich: „Ich spreche jetzt nicht über das Allheilmittel, das dir jemand vielleicht versprochen hat. Ich spreche nicht über all die schönen Dinge, die angeblich mit der Erleuchtung einhergehen." Viele versprechen sich ewige Glückseligkeit, ein Ende des Unglücks oder Leidens und ein Leben, das freundlich und wohlwollend ist und in dem dich jeder liebt und schätzt. Das hat jedoch wenig damit zu tun, was Erleuchtung ist.

Ich bitte die Leute nicht, mir zu sagen, was ihnen als Erleuchtung verkauft wurde, sondern was sie selbst wollen. Wenn sie darüber nachdenken, was das Wichtigste ist, wonach sie suchen – was kommt dabei heraus? Spiritualität ist mein Fachgebiet, doch du kannst diese Frage auf jeden Lebensbereich anwenden – auf Beziehungen, Kunst, Sport oder Spiel. Das wird uns selten beigebracht. Stattdessen schreiben unsere Kultur, Familie und Freunde uns vor, was die wichtigsten Dinge im Leben sind, und wir akzeptieren und übernehmen diese Vorschriften ohne viel Nachdenken.

Wenn wir das nie hinterfragen, orientieren wir unser Leben auf das, was uns beigebracht wurde, bis wir eines Tages erkennen: *Worauf ich mich orientiert habe, war mir eigentlich gar nicht so wichtig.* Eine Neuorientierung findet oft in der Mitte des Lebens statt, denn dies ist eine Zeit, in der wir genug getan, genug erreicht und lange genug in der Tretmühle verbracht haben. Erst dann fragen wir uns, ob das nun alles war. *Ist das genug?* Dann gehen wir in uns und fragen uns: *Ist es das, was ich wirklich will? Was ist das Wichtigste für mich?*

Wenn ich jemanden frage: „Worum geht es in deinem spirituellen Leben?“, bin ich überrascht, wie wenige sich die Zeit genommen oder die innere Disziplin auferlegt haben, um das zu definieren. Du liest ein Buch nach dem anderen, arbeitest mit einem Lehrer nach dem anderen, meditierst und praktizierst Jahre lang, aber du jagst etwas hinterher, was andere für dich definiert haben und von dem du gedacht hast: *Das klingt ziemlich gut. Das mache ich jetzt mal.* Dabei findest du jedoch nicht die einzigartige Orientierung, die nur zu dir und deinem Leben gehört. Niemand kann sie dir geben. Kein spiritueller Lehrer, egal wie weise, und keine Lehre, egal wie tiefgründig, kann ein Ersatz dafür sein, selbst herauszufinden, was wichtig für dich ist.

Wenn ich Leute nach ihrem Wichtigsten frage, verdrehen sie die Augen, als ob sie in ihrem Gedächtnis nach einer Antwort auf diese Frage herumkramen. Doch wenn wir unser Wichtigstes kennen, zögern wir nicht mit unserer Antwort. Wir müssen nicht darüber nachdenken – sie ist einfach da. Diejenigen, die sie haben, wissen, was sie tun und warum sie es tun. Sie kennen das Wichtigste.

Wenn ich zurückblicke und darüber reflektiere, was mein Leben orientiert, was meine Quelle der Inspiration ist, wonach ich im Innersten strebe, dann sehe ich, dass es die Entfaltung dessen war, was mir *zu der Zeit* das Wichtigste war. Wir alle haben Lebensphasen, in denen jeweils verschiedene Dinge wichtig sind. Es gibt Aspekte von uns, die ihre Bedeutung während des ganzen Lebens beibehalten, und es gibt Dinge, die sich von selbst erledigen und uns dazu bringen, zum nächsten Schritt überzugehen. Du kannst dieses Konzept auf jeden Moment anwenden und fragen: *Was ist momentan das Wichtigste?* Es ist nicht das, was du im Kopf hast – nicht einmal das, was von deinem Herzen kommt. Es ist das, was aus deinem Bauch kommt. *Was ist es?*

Ich schaue zurück in meinem Leben und überlege, worin ich wirklich gut war. Als ich jung war, war ich Legastheniker, und in der ersten Klasse hatte ich Schwierigkeiten beim Lesen. Ich traf eine Entscheidung. Ich entdeckte, was mir damals das Wichtigste war: Ich werde so gut lesen lernen wie alle anderen. Meine Eltern stellten eine Nachhilfe für mich ein, und ich strengte mich an. Ich bekam einen Fokus. In weniger als einem Jahr konnte ich lesen wie alle anderen. In der High School las ich die Lektüre, die normalerweise im College gelesen wird. Dies lag daran, dass ich das Wichtigste für mich gefunden hatte. Ich wusste, dass es wichtig war, und ergriff Maßnahmen, es zu erreichen. Handeln ist der zweite Teil dieses Prozesses – etwas für das Wichtigste zu tun, nicht nur darüber nachzudenken und darauf zu hoffen.

Später habe ich mich mit verschiedenen Sportarten beschäftigt. Mit achtzehn war ich ein erfolgreicher Radrennfahrer, und für eine Zeit war das das Wichtigste. Es inspirierte mich. Es kam tief aus mir. Ich konzentrierte mich auf den Radrennsport und war bereit, alles zu tun, um mich selbst zu übertreffen. Ich hatte keine Probleme mit der Motivation. Ich musste mich nicht überwinden um zu trainieren. Zu dieser Zeit fuhr ich zwischen vierhundert und sechshundert Kilometer pro Woche mit dem Fahrrad. Selbst wenn das Wetter windig und stürmisch war, fuhr ich mein Fahrrad im strömenden Regen, manchmal vier oder fünf Stunden am Stück. Um mich zu motivieren, überlegte ich mir, es anders zu machen als achtzig oder neunzig Prozent meiner Konkurrenten. Die würden zwar stundenlang auf dem Indoor-Trainer üben, aber nicht draußen im Regen fahren, so wie ich. Das war meine Motivation. Ich konzentrierte mein Verlangen auf mein Wichtigstes, fuhr mein Fahrrad unter schrecklichen Bedingungen und übertraf mich selbst aufgrund meiner klaren Orientierung.

Alles, worin ich mich in meinem Leben selbst übertroffen habe, ist entstanden, weil es mir das Wichtigste war. Ich wusste, warum ich da war, was ich wollte, was mich inspirierte und wonach ich suchte. Ich wusste, was das Wichtigste war. Wenn es um Spiritualität ging, wurde mir schnell klar, dass es viele verschiedene Vorstellungen davon gibt, was ein spirituelles Leben sein sollte. Ich stellte fest, dass ich mich von der Definition anderer trennen und immer wieder zu dem zurückkehren musste, was wirklich meins war. Ich bin dabei den üblichen Versprechungen über die Erleuchtung aus dem Weg gegangen, denn vieles, was unter Spiritualität läuft, interessierte mich nicht. Ich wollte wissen, was die Wahrheit ist – die tiefste, grundlegende Wahrheit der Existenz – und einen positiven Beitrag zum Leben leisten. *„Wahrheit", was ist das? „Erleuchtung", was ist das?* Dies waren meine Fragen und mein Antrieb.

Dieses Verlangen nach Wahrheit war auf verschiedene Weise bei mir, so lange ich mich erinnern kann.

Nun, wie ist das bei dir? Was ist das Wichtigste in deinem Leben? Geh nicht davon aus, dass es der erste Gedanke ist, der dir in den Sinn kommt. Das herauszufinden, kann echte Nachforschungen und ernsthafte Überlegungen erfordern. Doch die Mühe lohnt sich und kann ein Wendepunkt in jedem Bereich deines Lebens sein. Wenn du in die Tiefe gehst, mit geistiger Disziplin, und dich nicht mit der schnellen, einfachen Antwort zufriedengibst, die du vielleicht von jemand anderem gelernt hast, wirst du herausfinden, was dir niemand geben kann und nur dir allein gehört. Bitte sage mir nicht, was du denkst, was *meiner Meinung nach* für dich das Wichtigste sein sollte, denn das kann ich für niemanden definieren. Das muss jeder für sich selbst definieren. Du musst Disziplin aufbringen – und wenn ich „Disziplin" sage, dann meine ich, dass du dies möglicherweise tagelang oder monatelang durchdenken und darüber meditieren musst, um ein echtes Gefühl dafür zu bekommen, was es ist.

Als spiritueller Lehrer habe ich gesehen, dass *das Wichtigste zu definieren* das Wichtigste ist. Es ist der erste Schritt. Erst wenn du das tust, gehört dein Leben dir.

Die Kraft einer guten Frage

Du musst bereit sein, gegen den Strich zu gehen, gegen die Konsensrealität.

Hier ist ein wunderbares Zitat des französischen Schriftstellers Pierre-Marc-Gaston de Lévis aus dem 19. Jahrhundert: „Es ist einfacher, den Geist eines Menschen anhand seiner Fragen zu beurteilen, als anhand seiner Antworten." Ich liebe diese Art des Denkens, weil sie unsere Sichtweise auf den Kopf stellt. Wir orientieren uns an dem, was ich als „Konsensrealität" bezeichne, die Sicht der Wirklichkeit, über die sich die meisten Menschen einig sind. Doch um das Wichtigste zu finden, müssen wir die Vorstellungen, Überzeugungen und Meinungen anderer hinterfragen – allein schon deswegen, weil die Art und Weise, wie die meisten Menschen leben, in der Regel nicht zu großer Tiefe, Freude, Inspiration oder Frieden führt.

Die Fragen, die wir stellen, sind unglaublich wichtig. Was ist das Wichtigste in meinem spirituellen Leben? Was gibt meinem spirituellen Leben Orientierung? Du kannst diese Fragestellungen auf deine Beziehungen anwenden. Worum geht es in meiner Freundschaft oder in meinen Liebesbeziehungen? Was ist für mich das Wichtigste an der Person, mit der ich in einer Beziehung bin? Oder das Thema deiner Hinterfragung könnte deine Arbeit sein: Was ist das Wichtigste an meiner Arbeit, mit der ich meinen Lebensunterhalt verdiene? Solche Fragestellungen können sehr unbequem sein, denn sie gehen in die Tiefe. Du musst bereit sein, gegen den Strich, gegen die Konsensrealität und gegen das zu gehen, was alle für die wahren und richtigen Antworten halten.

Wie Lévis sagte, sind die Antworten nicht so wichtig wie die Fragen. Trotzdem sind wir in erster Linie auf die Antworten konditioniert. Schon in der Schule kommt es für uns darauf an, immer die richtige Antwort zu finden. Wir werden darauf getrimmt, wiederzukäuen, was man uns gefüttert hat. Das wird von uns erwartet und gehört zum Lernen dazu. Leider, muss ich sagen, nimmt dieses Wiederkäuen in unserer Erziehung einen viel zu großen Raum ein. Wir werden dazu erzogen, uns mit den Antworten anderer zufrieden zu geben, und nicht unsere eigenen zu suchen. Einiges davon ist das Ergebnis der praktischen Notwendigkeit – das Auswendiglernen bestimmter Antworten hilft uns zu lernen, wie man liest, rechnet und die Wissenschaften versteht. Aber wenn es um unser Leben geht, um unser Gefühl von Glück, Wohlbefinden und Liebe, wenn es darum geht, was wir zu diesem kostbaren und kurzen Leben beitragen, hilft es uns nicht, die Antworten anderer Menschen zu wiederholen. Da geht es um viel größere Fragen: Was möchte ich in diesem Leben erreichen? Worin besteht mein Beitrag? Was ist mir wichtig?

Ich bin ein großer Liebhaber gehaltvoller und tiefer Fragen. Ich nenne das „Hinterfragung". Fragen bringen Unsicherheit, Antworten bringen Sicherheit. Die Antworten anderer zu akzeptieren bringt Sicherheit, eine Ideologie bringt Sicherheit, und eine Theologie bringt Sicherheit. Wir suchen die „richtigen" Antworten, weil wir glauben, dass sie bequem sind, uns schützen und vor Leid bewahren. Wir ergreifen das Erstbeste, was uns besser fühlen lässt. Doch bei der Wahrheit können wir uns nicht sicher sein, ob sie uns ein besseres Gefühl gibt. Einige Wahrheiten sind schön, und andere können ein großer Schock sein. Doch die Entdeckung einer Wahrheit führt immer zu großer Lebendigkeit. Denn das, was wirklich ist, ist voller Lebenskraft und Energie und bewegt etwas.

Wenn wir jemanden kennenlernen möchten, suchen wir normalerweise nach Antworten. „Was arbeitest du? Was sind deine Hobbys? Welche Filme magst du? Was ist dein Lieblingsbuch?" Wir wollen es wissen, und das ist in Ordnung. Es gehört zur menschlichen Kommunikation. Wäre es nicht besser, wenn wir jemanden kennen lernen, danach zu fragen, was das Wichtigste in seinem im Leben ist, anstatt nach dem Beruf oder dem Wohnort zu fragen.

Es sind unsere Fragen, die die Kraft haben etwas zu bewegen, wenn wir ein inspiriertes Leben führen wollen, ein Leben, von dem wir das Gefühl haben, dass es einen Sinn hat. Ich spreche nicht über die herkömmliche Bedeutung von „Sinn", wie wenn wir sagen: „Dies ist der

Sinn meines Lebens" und es dann irgendwie definieren. Ich spreche auch nicht von offensichtlichen Fakten wie „zwei plus zwei macht vier". Ich spreche stattdessen von einem lebendigen Gefühl – der Erfahrung, durch und durch lebendig zu sein, hier und jetzt präsent. Das ist eine tiefgreifende Sinnhaftigkeit, auch wenn man es nicht in Worte fassen kann, weil es eine Erfahrung und keine Definition ist.

Die richtigen Fragen können uns dieser Erfahrung näherbringen, obwohl die Antworten oft paradox sind. Die erste Antwort ist oft eine konditionierte Reaktion, und wir sollten uns nicht damit zufriedengeben, sondern die Frage offenhalten. Tief in diese Fragen einzutauchen, tief in sich selbst zu schauen, ist eine eigene spirituelle Praxis. *Was ist das Wichtigste?* Viele der Antworten, die wir in uns haben, sind deshalb da, weil sie uns irgendwann ein gutes oder sicheres Gefühl gegeben haben. Dies ging jedoch auf Kosten einer reichen Erfahrung des Seins, der Existenz, des Lebens und sogar des Handelns. Wenn wir aufhören zu hinterfragen, gehen wir im Leben auf Autopiloten. Wir lassen uns ausschließlich von unserer Konditionierung steuern, die uns größtenteils durch unsere Kultur und Gesellschaft, unsere Familie und Freunde, unsere Schulbildung und die Konsensrealität geprägt hat. Fast jeder fällt in diese Falle, ohne es zu merken. Alle Menschen, die Außerordentliches leisten, neigen dazu, die Konsensrealität in Frage zu stellen, insbesondere spirituelle Menschen wie Buddha oder Jesus und viele andere. Sie geben sich nicht mit einem tröstlichen Glaubenssystem zufrieden und halten sich nicht an etwas, nur weil die Autoritäten gesagt haben, dass die Welt so funktioniert oder dass dies wahr ist. Sie erkunden diese Themen in ihrem Inneren.

Der große Mythologe Joseph Campbell paraphrasierte Carl Gustav Jung, indem er sagte, dass die Religion die Funktion hat, uns vor der wahrhaft religiösen Erfahrung zu schützen. Wie macht sie das? Theologische Ideologien und Glaubenssysteme erzählen uns, wie sich alles verhält. Wir antworten: „Okay, das hört sich gut für mich an, ich werde mich darauf einlassen, so sind die Dinge". Doch das verhindert eine echte Offenbarung, weil der Ort, an dem Offenbarung in uns stattfindet, im Unbekannten liegt. Das Dogma füllt das Unbekannte in uns und macht es zum Bekannten. Die Religion füllt uns komplett aus, und wir geben uns mit einer Ideologie zufrieden, die bedeutungsvolle religiöse oder spirituelle Erfahrungen unmöglich macht. Dies bedeutet jedoch nicht, dass religiöse Menschen keine religiösen oder spirituellen Erfahrungen haben. Doch sie haben sie *trotz*, nicht wegen ihres Glaubens. Obwohl sie ein Glaubenssystem haben, gehen viele Gläubige weiterhin über das Dogma und über bloße Ideen hinaus. Es spielt keine Rolle, was der Glaube ist – theistisch, nicht theistisch, dualistisch, nicht dualistisch. Es sind unsere Antworten, die uns blind machen, hinter denen wir uns verstecken. Wir benutzen sie, um uns vor der großen Unsicherheit zu schützen, unserer Verwirrung und unseren Zweifeln zu begegnen und unser Bewusstsein mit ihnen anzufüllen.

Doch auch Fragen können uns blind machen, wenn sie an der Oberfläche bleiben. Fragen jedoch, die unsere Konsensusrealität in Frage stellen, sind die nützlichsten, aber auch die gefährlichsten. Die richtigen Fragen werden dein Weltbild von Grund auf erschüttern. Wenn du diese Art von Fragen stellst, wirst du feststellen, dass die Art und Weise, wie du dich definierst, dich einschränkt. Deine Definition von dir selbst ist nicht, wer und was du bist. Dies zu hinterfragen, ist etwas Grundlegendes.

Tiefe Spiritualität kreist um die existenziellen Fragen, und jeder von uns hat seine eigenen. Deine könnten sein: *Was ist mein Platz im Universum? Was ist Gott? Was ist Leben? Was zum Teufel ist hier los?* Für mich war es die spirituelle Frage schlechthin: *Wer bin ich?* Diese Frage erschütterte meine Grundannahmen über das Dasein zutiefst. Eines Tages, zu einem frühen Zeitpunkt in meiner spirituellen Praxis, tauchte die Frage während der Meditation auf. Ich dachte: *Moment mal. Ich weiß nicht einmal, wer ich bin. Ich weiß nicht einmal, wer dieses „Ich" ist, das Erleuchtung sucht. Wenn ich nicht weiß, wer ich bin, auf welcher Grundlage stelle ich dann alle weiteren Fragen?* Mir wurde klar, dass ich der Erleuchtung nachjagte, aber ich wusste nicht einmal, *wer* der Erleuchtung nachjagte. Mir wurde klar, dass ich erst einmal klarstellen müsste, wer ich war. Plötzlich wurde alles in einen anderen Kontext gestellt – die Erleuchtung, nach der ich suchte, schien nicht so wichtig zu sein wie die Frage, *wer* danach suchte. Diese Frage beunruhigte mich sehr. Sie war wie ein Schlag ins Gesicht. Meine Prioritäten gerieten völlig durcheinander, denn diese Frage ging tiefer als alle Fragen, die ich mir bislang gestellt hatte. Sobald sie sich mir stellte, wusste ich, dass ich meine Orientierung gefunden hatte. Ich hatte das Wichtigste in meinem spirituellen Leben gefunden.

Wenn wir das Wichtigste finden, kommt es mit einer großen Intensität zu uns, die uns verunsichert, weil es alles in Frage stellt. Es ist beunruhigend, aber gleichzeitig inspirierend. Wenn wir eine Frage von wahrer Bedeutung stellen, steckt viel Energie und Wachstumspotenzial dahinter. Normalerweise sind die wahren Antworten auf diese existenziellen Fragen nicht diejenigen, über die man ein Buch schreibt. Sie sind eher Offenbarungen als Antworten. Ebenso wie man die Erfahrung, ein Glas Wasser zu trinken, nicht wirklich jemandem beschreiben kann, der noch nie ein Glas Wasser getrunken hat. Das Beste, was du tun kannst, ist jemandem ein Glas Wasser zu geben, damit sie es selbst erleben können. Wasser! Ihnen zu sagen, wie es ist, ist nicht dasselbe.

Das bewirken die wichtigen Fragen: Sie öffnen einen Raum in uns und beseitigen die vorgefassten Splitter, damit etwas Neues und Transformierendes entstehen kann. Das möchte ich dir anbieten: Deine Fragen – ihre Schönheit, ihre Inspiration, die mit ihnen verbundene Unsicherheit. Hier liegen dein Potenzial und deine Offenbarung. Tatsächlich habe ich als spiritueller Lehrer entdeckt, dass es eines der wichtigsten Dinge, die ich bewirken kann, ist, andere in ihrer Überzeugung zu verunsichern, dass tiefes spirituelles Erwachen etwas Ungewöhnliches ist. Selbst leidenschaftliche Schülerinnen und Schüler glauben, dass es außergewöhnlich und schwierig ist. Aber was ist, wenn es gar nicht so außergewöhnlich und schwierig ist? Was ist, wenn diese Überzeugungen nicht wahr sind? Hinterfrage deine Annahmen, lehne dich weit ins Unbekannte hinein. Hinterfrage alles. Wenn wir dies tun, erkennen wir, dass das Erwachen, das wir suchen, im Bereich des Möglichen liegt.

Wem dienst du?

Es geht nicht darum, eine nette Person zu sein.
Es geht um etwas viel Tieferes als das.

Wem diene ich? Dies ist eine meiner Lieblingsfragen. Sie weckt mich auf. Sie ist eine Übung in Sachen Bewusstsein und Ehrlichkeit. Sie ist eine der großen Fragen, ebenso wie die Fragen: *Auf was lasse ich mich ein? Worum geht es in meinem Leben? Wer bin ich?* und *Was ist Gott?* Wenn wir diese größeren Fragen nicht stellen, schlafwandeln wir durch das Leben, bleiben stets an der Oberfläche, reagieren und handeln unter verfestigten Perspektiven und Verhaltensmustern.

Dienen ist keine streng spirituelle Idee, kein Ideal. Es ist Teil der menschlichen Erfahrung, zu dienen und etwas zurückzugeben. Mensch zu sein bedeutet, auf irgendeine Weise zu helfen und das Wohlergehen anderer zu fördern. Eines der schönen Dinge am Dienen ist, dass wir gleichzeitig für unser eigenes Wohlergehen sorgen. Dies weist auf etwas Wesentliches am Dienen hin: Wenn es aus einem Gefühl der Ganzheit heraus geschieht, wenn es einer inneren Fülle entspringt, ist es bereichernd und lebensbejahend – nicht nur für uns, sondern für alle, denen wir dienen.

Wenn ich an Dienen denke, denke ich an meinen ersten Lehrer, Arvis Joen Justi. In meinen Zwanzigern interessierte ich mich durch ein Buch von Alan Watts für den Zen-Buddhismus. Ich kann mich nicht erinnern, welches Buch es war, aber zu der Zeit, in den frühen 1980er Jahren, war Watts ein populärer Schriftsteller und einer der ersten Menschen, die östliche spirituelle Lehren in den Westen brachten. Sein Buch führte mich zu einem Buch von Ram Dass, *Journey of Awakening.* Am Ende dieses Buches befand sich ein Verzeichnis spiritueller und kontemplativer Zentren in den Vereinigten Staaten. Zu dieser Zeit gab es nur wenige Zen-Klöster, Tempel oder Yoga-Retreats, sodass die Liste auf ein paar Seiten passte. Heutzutage würde diese Liste ganze Bände füllen. Eines der Zentren war die Los Gatos Zen Group, die ungefähr fünfzehn Minuten von meinem Wohnort in Nordkalifornien entfernt war. Ich war überglücklich! Ich hatte keine Ahnung, wer in dieser Gruppe war oder was sie vorhatten, aber ich rief an und sprach mit der Frau, die meine Lehrerin wurde – Arvis.

Sie gab mir eine Wegbeschreibung zu ihrer Wohnung in den Hügeln von Los Gatos. Obwohl der Ort in der Nähe meines Zuhauses lag, war er nicht leicht zu finden und ich verfuhr mich einige Male. Als ich endlich ankam, stand ich vor einem kleinen Wohnhaus. Ich weiß nicht, was ich erwartet hatte, aber ich glaube nicht, dass ich ein normales Haus erwartete! Ich war mir nicht sicher, ob ich die richtige Adresse hatte und schaute ungläubig auf meinen Zettel. Schließlich stieg ich aus meinem Auto und ging die Auffahrt hinauf. An der Tür hing ein kleiner Zettel. Auf dem Zettel stand *Zazen* und ein Pfeil zeigte zur Rückseite des Gebäudes. Ich wusste, dass *Zazen* der Zen-Begriff für Meditation ist, und so wusste ich auch, dass ich am richtigen Ort war.

Ich ging zum Hinterhof, stieg die Treppe hinauf und erreichte ein paar Glasschiebetüren im hinteren Teil des Hauses. Das Ganze war sehr ungewöhnlich. Eine Frau Ende fünfzig oder Anfang sechzig öffnete die Hintertür, und ich sah einen zweiten Zettel. Auf diesem stand: „Bitte Schuhe ausziehen." Ich zog meine Schuhe aus und sah zu der Frau auf, um herauszufinden, was ich als nächstes tun sollte. Sie starrte nur auf meine Schuhe. Ich starrte auch und bemerkte dann, wie willkürlich ich sie hingeworfen hatte – übereinander. Sie wurden nicht mit Aufmerksamkeit, Achtsamkeit oder Sorgfalt platziert. Ihre stille Nachricht war bei mir angekommen. Ich griff nach unten und stellte meine Schuhe ordentlich nebeneinander. Sie lächelte breit und sagte: „Willkommen!"

In diesen ersten peinlichen Momenten erhielt ich von Arvis eine grundlegende Belehrung. Als sie mich darauf aufmerksam machte, wie nachlässig ich meine Schuhe behandelt hatte, gab sie mir meine erste Lektion, bei allem präsent zu sein, anstatt nur bei einigen ausgewählten Dingen, die man für wichtig hält. Es geht darum, achtsam zu sein, dir ganz und gar bewusst zu sein, was in dir und um dich herum geschieht. Es war eine wundervolle, tiefgreifende Lektion, die noch Jahrzehnte später in mir lebendig ist. Ich meditierte an diesem Tag mit Arvis ebenso wie an vielen, vielen weiteren Tagen. Sie zeigte mir, was Hingabe und Dienen bedeutet. Mehr als dreißig Jahre lang öffnete sie ihr Haus für Fremde. Ihr Wohnzimmer war für die Meditation eingerichtet – schwarze Kissen auf schwarzen Matten und eine kleine Bodhisattwa-Figur vorne im Raum. Alles war bescheiden und einfach. Arvis hielt sich jeden Sonntag frei und bereitete einen Vortrag vor. Sie verlangte keine Gegenleistung. Ich war beeindruckt von ihrer ruhigen, bescheidenen Art und der enormen Kraft ihrer Demut – einem Reservoir an Klarheit und Weisheit, einer erwachten Art des Sehens und der Erfahrung.

Ich werde immer dankbar sein für die große Hingabe, mit der Arvis dem diente, was ihr wichtig war, was sie liebte. In der ersten Zeit, als sie anfing, in ihrem Haus zu lehren, bereitete sie sich vor und meditierte, aber niemand kam. Trotzdem schrieb sie jede Woche einen Vortrag, richtete ihren Meditationsraum ein und öffnete Woche für Woche ihr Haus. Manchmal saß ihr Mann aus Mitgefühl bei ihr, aber meistens saß sie allein.

Sie tat dies ein ganzes Jahr lang, ohne dass eine einzige Person kam. Das ist Hingabe! Welch ein Dienst am Dharma, an der buddhistischen Lehre! Sie machte sich nicht abhängig von Teilnehmerzahlen oder normalen Erfolgsmaßstäben, sondern setzte sich einzig und allein für das ein, wozu sie berufen war. Nach einem Jahr kam eine Person, und für dieses Jahr waren es Arvis und diese eine Person. Sie saßen jeden Sonntagmorgen zusammen und Arvis hielt ihren Vortrag vor einem Publikum von einer Person. Als es sich langsam herumsprach, kamen mehr und mehr Menschen, bis sie manchmal fünfzehn oder zwanzig Teilnehmer hatte.

Ihre Hingabe war eine großartige Lehre für mich. Sie hat mein Herz berührt, weil sie mir zeigte, was Dienen ist: die Bereitschaft, uns in die Lage zu versetzen, zu geben – das zu verkörpern, dem wir uns hingeben, und unser Leben, unsere Zeit, unsere Aufmerksamkeit und unsere Energie dem Wichtigsten zu widmen. Auch dann, wenn Arvis alleine in ihrem Wohnzimmer saß, war sie im Dienst an allen Menschen, die in Zukunft auftauchen könnten.

Viele Jahre später war ich einer dieser Menschen.

Arvis war bereit, dem Dharma ruhig und demütig zu dienen. Sie brauchte keinen Tempel, Roben und die offiziellen Zeremonien, obwohl sie in Bezug auf die buddhistischen Lehren äußerst direkt sein konnte.

Sie kam direkt zur Sache, und man konnte sehen, wie rückhaltlos sie sich der Wahrheit widmete. Arvis verbrachte mehr als dreißig Jahre damit, einer Tradition der Weisheitslehre zu dienen, wie es ihr Lehrer Taizan Maezumi Roshi und sein Lehrer Hakuun Yasutani und die Lehrer seines Lehrers seit mehr als tausend Jahren getan hatten. Dies waren Menschen, die dem dienten, was sie liebten. Aus ihrer Sicht war sie, selbst wenn sie alleine saß, in großartiger Gesellschaft – einer langen Linie von Dharma-Lehrern.

Im gegenwärtigen Moment dienen wir alle auf unsere eigene Weise. Wir alle sind Teil einer Linie. Ob wir wollen oder nicht, wir geben alle etwas weiter und beeinflussen einander gegenseitig, bewusst oder unbewusst. Bleib jedoch nicht bei der Frage nach deiner eigenen Linie stehen. Frag immer weiter. *Wozu trägst du bei? Wem dienst du?*

Für uns im Westen ist das einfach. Wir sind darauf konditioniert, als Verbraucher zu denken und immer zu fragen: *Was bringt mir das?* Wie in: *Was bringt mir dieser Film? Was bringt mir diese Person?* Wenn es sich um eine spirituelle Lehre handelt: *Was bringt mir diese Lehre?* Wenn es sich um einen Spaziergang im Wald handelt: *Was bringt mir dieser Spaziergang im Wald?* Es ist eine Grundhaltung, eine Attitüde. Dabei geht das Bewusstsein dafür verloren, dass wir am Leben der anderen teilnehmen. Wir beeinflussen die Welt und die Wesen um uns herum. Dies führt uns zu der Frage, wem wir dienen. Was bringt unser Leben zum Ausdruck? Was ist unser Beitrag?

Obwohl heutzutage nicht besonders hip oder beliebt, gehört die Idee von der Notwendigkeit des Dienens zu allen spirituellen und religiösen Traditionen. Es geht nicht darum, eine nette Person zu sein; es geht um etwas viel Tieferes als das. Es geht darum, mit dem in Kontakt zu kommen, was in unserem Leben wichtig ist – mit dem, was am Ende unseres Lebens eine Bedeutung hat. David Brooks, Kommentator und Autor, unterscheidet zwischen „Lebenslauf-Tugenden“ und „Grabrede-Tugenden“. Lebenslauf-Tugenden sind die Dinge, die du beispielsweise einem Arbeitgeber zum Besten gibst, wenn du versuchst, dich selbst zu verkaufen. Du bist das, was du erreicht hast, worin du erfolgreich bist, was du gut kannst und womit du dein Geld verdienst. Dann, wie Brooks sagte, gibt es unsere Grabrede-Tugenden – die, von denen du gerne hättest, dass man sich an sie erinnert, nachdem du gestorben bist. Unsere

Grabrede-Tugenden verbinden uns mit dem tiefsten Teil von uns selbst: der Wirkung, die wir auf die Menschen und das Leben um uns herum haben.

Das Nachdenken über Grabrede-Tugenden hilft uns, nach innen zu schauen, und es bringt uns zurück zum Begriff des Dienens. *Wem diene ich? Wie kann ich dem Tiefsten in mir dienen?* Mach das zum Gegenstand deiner Kontemplation. Sitze mit diesen Fragen. Sei mit ihnen in Stille. Unser Wichtigstes kann Wahrheit, Freiheit, Erleuchtung, Liebe oder Mitgefühl sein. Wir finden, was uns das Wichtigste ist, wenn wir darauf schauen, wem wir unsere Zeit und Aufmerksamkeit widmen. Für den modernen Menschen sind Zeit und Aufmerksamkeit die beiden kostbarsten Güter. Denk darüber nach: Die meisten von uns geben lieber ihr Geld für eine Sache aus, anstatt ihrer Zeit und Aufmerksamkeit auf sie zu richten.

Ich sage nicht, dass wir nun alles umkrempeln und nur noch tun, was wir „tun sollten“: „Ich sollte auf diese Art dienen. Ich sollte auf jene Art dienen.“ Dieses „sollte“ verdunkelt die natürliche Güte und inspirierende Energie des Herzens. Wir müssen aufpassen, dass unsere Gedanken das Dienen nicht zu einer neuen Pflicht machen. Es geht vielmehr um jeden Moment der Klarheit, Einsicht oder Offenbarung, der die Möglichkeit bietet, in die Tat umgesetzt oder auf irgendeine Weise zum Ausdruck gebracht zu werden. Wir drehen ständig an großen Rädern – es scheint, als ob heute jeder einzelne die Welt verändern will. Manchmal habe ich das Gefühl, dass viele Menschen sich erst die Mühe machen wollen, zu dienen, wenn sie einen öffentlich sichtbaren Effekt erzielen oder wenn ihre Handlungen von kosmischer Bedeutung sind. Das ist kein Dienst. Es ist egomanische Selbstüberschätzung. Echtes Dienen ist eine ganz bescheidene Energie. Es besteht in dem Bestreben, dem zu dienen, was du liebst. *Wie kann ich Teil dessen sein, was ich liebe? Wie kann ich ein lebendiger Ausdruck dessen sein, was ich liebe?* Nicht auf perfekte Weise, sondern absichtsvoll und in kleinen Schritten. Perfektion ist eine Falle.

Es gibt eine andere Perspektive des Dienens. Als Arvis meine Aufmerksamkeit schweigend darauf richtete, wie ich meine Schuhe platziert hatte, gab sie mir einen Einblick, wie eine kleine, scheinbar unbedeutende Sache zeigt, was Dienen für mich bedeutet. Sie zeigte, wie wichtig es ist, die Welt nicht aufzuteilen in Dinge, die meine Aufmerksamkeit, meine Liebe und meinen Dienst verdienen, und solche, die dies nicht tun. Das wäre eine dualistische und egozentrische Perspektive.

Jemand sagte mir einmal: „Du bist spiritueller Lehrer. Dienen ist dein Job". Stell dir vor, ich wäre nur „im Dienst", ich würde nur dem Dharma dienen, wenn ich vor einer Gruppe von Menschen auf der Bühne stehe. Das wäre äußerst begrenzt. Es würde mich zu einem Darsteller machen, und mein Dharma wäre eine Vorstellung, die sich nur auf der Bühne, nicht aber in jedem Augenblick meines Lebens abspielt. Ich lehre, weil meine Lehrerin mich darum gebeten hat, weil ich dazu berufen wurde, und deshalb mache ich es freudig, selbst wenn es eine Herausforderung ist oder ich müde bin oder schon wieder ins Flugzeug steigen und weite Reisen unternehmen muss. Dafür gibt es einen Grund: Ich diene dem, was ich als wirklich wertvoll betrachte.

Dies ist jedoch nicht die einzige Möglichkeit zu dienen, weder für mich noch für andere. Vieles liegt in der Entfaltung des menschlichen Lebens von Moment zu Moment: den Begegnungen mit der Welt um uns herum, der Art und Weise, wie wir unsere Schuhe ablegen, der nächsten Person, mit der wir sprechen, der nächsten Situation, in der wir uns befinden. Frag dich in diesen Momenten deines eigenen Lebens: Wem diene ich? Wenn wir den Werten im Leben dienen, die wir für die kostbarsten halten, gibt es einen Nebeneffekt: Wir sind viel glücklicher, wenn wir den Dingen dienen, die wir lieben, als wenn wir danach streben, mehr von dem zu haben, was wir lieben.

Wenn du in der Position eines Verbrauchers bist, fühlst du dich immer leer. Du hast ständig das Gefühl, nicht genug zu haben. *Ich brauche mehr. Ich will mehr.* Zurück bleibt ein Gefühl der Unzulänglichkeit. Beginne stattdessen deinen Tag mit dem Gedanken: *Heute werde ich jemandem oder etwas einen Dienst erweisen, um zum Ausdruck zu bringen, was ich von Herzen schätze und liebe. Ich werde eine Geste in diese Richtung machen, auch wenn es nur eine kleine ist.* Du wirst spüren, wie wunderbar es sich anfühlt, selbstlos zu dienen. Wir sind nie so glücklich, wie wenn wir uns für das Wohl anderer einsetzen. Das ist eines der schönen Dinge beim Dienen, neben der Möglichkeit, dass jemand oder etwas anderes davon profitieren kann. Ich merke, wie ich zutiefst von Dankbarkeit und Wertschätzung erfüllt bin für all jene, die mir oder etwas Wichtigem einen Dienst geleistet haben, so wie Arvis all diese Jahre dem Dharma gedient hat. Diese Dankbarkeit ermöglicht es mir, das zu tun, was ich tue. Sie erfüllt mich mit einem wunderbaren Gefühl und inspiriert mich, wenn ich frage: *Wem diene ich?*

Das Hindernis als Weg

Um dein Gesicht zu zeigen,
musst du die Maske fallenlassen.

Nachdem ich einige Zeit mit Arvis meditiert hatte, beschloss ich, an einem einwöchigen stillen Zen-Meditationsretreat teilzunehmen. Arvis sagte: „Ich habe viel Gutes von einem Lehrer namens Jakusho Kwong gehört, im Mountain Zen Center in Sonoma. Vielleicht wäre das ein guter Ort für dich." Ich war aufgeregt, ein authentisches Retreat in einem Zen-buddhistischen Tempel mit allem Drum und Dran zu erleben – den Glocken, den Roben, den Ritualen.

Ich kam am späten Nachmittag an und das Retreat sollte am frühen Abend beginnen. Nach dem Abendessen gingen wir zur ersten Meditationssitzung ins Zendo. Es war ein sehr formeller Ort, und ich hatte keine Ahnung, was das Protokoll war. Es gab nur minimale Anweisungen. Ich lernte, was ich tun sollte, indem ich andere Leute beobachtete, was meine Achtsamkeit sofort schärfte. Voller Vorfreude setzte ich mich auf mein Meditationskissen, als die Tempelglocke dreimal geschlagen wurde, um mit der Meditation zu beginnen.

Sobald die Glocke läutete, überflutete Adrenalin meinen Körper. Es war keine Angst, aber mein gesamtes System reagierte mit *fight-or-flight.* Ich konnte nur denken: *Wie komme ich hier raus? Lass mich hier raus!* Das ist albern, weil ich noch vor fünf Sekunden begeistert war, hier zu sein.

Glücklicherweise sagte eine kleine, leise Stimme in mir: *Du hast keine Ahnung, wie wichtig das ist. Du musst bleiben.* Obwohl ich fünf Tage und Nächte hintereinander rund um die Uhr Adrenalinschübe verspürte, habe ich während des gesamten Retreats nicht geschlafen. Oft habe ich darüber nachgedacht zu gehen. Ich habe es gerade so geschafft, nicht wegzurennen und das Retreat abzuschließen. Kein vielversprechender

Anfang für einen zukünftigen spirituellen Lehrer, aber genau das ist passiert. Ich wusste nicht genau, warum ich diese Reaktion hatte, aber ich habe eine Vermutung. Wenn du so ein Retreat unternimmst, weiß etwas tief in dir: *Jetzt ist das Spiel vorbei. Jetzt wird es ernst. Jetzt geht es zur Sache.* Etwas in mir wusste, dass dieses Retreat eine vollständige Neuorientierung meines Lebens mit sich bringen würde. Ich erkannte das nicht bewusst, aber unbewusst reagierte mein Ego bedroht: *Das ist es jetzt. Hier geht es ums Ganze. Dieser Typ will, dass ich für den Rest meines Lebens etwas völlig anderes mache.*

In gewisser Weise war mein erstes Retreat eine Katastrophe. Das einzige, an was ich mich klammerte, war ein Mantra, das ich mir am zweiten Tag ausgedacht hatte. Tausende Male in diesen fünf Nächten und Tagen sagte ich mir: *So etwas mache ich nie wieder.* Das war mein großartiges spirituelles Mantra!

Eines der Dinge, die mich während dieses Retreats beeindruckten, war, dass Kwong – der *Roshi* oder Lehrer – jeden Tag einen Vortrag hielt. Dieser Vortrag war meine Atempause, weil ich sitzen und zuhören und mich unterhalten lassen konnte. Es war eine Erleichterung von der nervenaufreibenden Meditation, der nicht enden wollenden Stille und den Schmerzen in Knien und Rücken. Kwong war kürzlich von einer Reise nach Indien zurückgekehrt, die ihn zutiefst beeindruckt hatte. Ich spürte das, denn als er Geschichten über seine Reise erzählte, liefen ihm Tränen über die Wangen.

Eine Geschichte berührte mich besonders. Kwong ging auf einer unbefestigten Straße durch eine verarmte Gegend. Mitten auf der Straße spielten Kinder mit einem Ball und einem Stock. Ein Kind stand abseits, von den anderen unbeachtet. Traurig sah dieser Junge den Kindern beim Spielen zu. Er hatte eine Gaumenspalte, so dass seine Oberlippe stark deformiert war. Kwong ging auf den Jungen zu, aber sie sprachen nicht dieselbe Sprache, sodass er nicht wusste, was er sagen sollte. Es gab einen Moment der Unentschlossenheit, und dann nahm Kwong die Hand des Jungen in seine, griff mit der anderen Hand in seine Tasche und holte etwas Geld heraus. Er zeigte auf einen kleinen Laden, der Eis verkaufte, und gab dem Jungen das Geld. Ich dachte, es wäre eine süße Art, ein wenig Trost zu spenden und die Existenz dieses armen Kindes, seine Einsamkeit zu lindern.

Währenddessen zeigte Kwong auf die Gruppe von Kindern, die den Jungen anscheinend abgelehnt hatten, als wollte er sagen: „Hol sie dir und kauf ihnen Eis." Er hatte dem Kind genug Geld gegeben, um Leckereien für alle Kinder zu kaufen. Der Junge, der eben noch einsam und traurig gewesen war, wurde nun umringt von der Kinderschar. Plötzlich war er der Held! Er hatte Geld und kaufte Eis für alle. Die Kinder lachten und redeten mit ihm. Er wurde in ihre Gruppe aufgenommen.

Kwong saß in vollem Lotussitz auf seinem Kissen in der schönen braunen Robe und erzählte die Geschichte mit einer resonanten, sanften Stimme, tief berührt von der Armut, die er sah, und von der Einsamkeit dieses Kindes. Er versteckte nie seine Tränen und schien sich seiner Gefühle nie zu schämen. Als ich dieses Zusammenspiel von großer Stärke und Zärtlichkeit sah, lernte ich mehr über wahre Männlichkeit als sonst irgendwann in meinem Leben. Einen Mann mit solcher Furchtlosigkeit sprechen zu hören, war außergewöhnlich. Für einen jungen, aufstrebenden Zen-Schüler war es ein enormes Glück und eine Gnade. Dies war meine erste Begegnung mit einem Zen-Meister, auch wenn ich während dieses ganzen Retreats, abgesehen von den Vorträgen, komplett verunsichert war. Ich studierte weiter mit Kwong, machte im Laufe der Jahre einige Retreats mit ihm und schätzte seine große Weisheit. Doch ich sah ihn nie wieder in dem Zustand, in dem er sich auf diesem ersten Retreat befand. Seine Offenheit und Würde waren eine beeindruckende Lehre – es war, als wäre ich in Gnade getaucht.

Seitdem habe ich Hunderte von Retreats besucht und geleitet, aber ich blicke immer noch auf dieses erste mit Kwong zurück, das sowohl absolut schlechteste, als auch das absolut beste in meinem Leben. Ich wusste erst Monate später, wie stark es mich beeinflusst hatte. Die vielen Stunden der Meditation durchzuhalten und nicht wegzurennen, mit allem, was in mir aufstieg, trotz aller Adrenalinstöße, öffnete mich für ein tiefgreifendes Erlebnis. Wenn du diese Erfahrung machst, wenn du an deine Grenzen gestoßen wirst, empfindest du das nicht als Gnade. Doch es war eine echte Gnade, dass ich zu dieser Zeit an diesem Ort war. Ich war an einem Ort, an dem ich nirgendwo hingehen konnte, an dem ich weder den Fernseher einschalten, noch Radio hören, ein Buch zur Hand nehmen oder ein Gespräch führen konnte. Ich musste mich meiner gesamten Erfahrung stellen. Als ich später versuchte, anderen mein Retreat zu beschreiben, kamen mir die Tränen – keine Tränen der Trauer, keine Tränen der Freude, sondern Tränen der Tiefe. Ich hatte etwas berührt, das so bedeutungsvoll und lebenswichtig war, dass es mein Herz öffnete.

Auf unserem Weg durchs Leben haben wir irgendwann genug Erfahrung gesammelt, um zu sehen, dass manchmal tiefgreifende Schwierigkeiten auch tiefgreifend herzöffnend sein können. Wenn du in einer schwierigen Position bist, wenn du vor etwas Schwierigem stehst, wenn du dich herausgefordert fühlst, wenn du an deine Grenzen kommst, ist es ein Geschenk, die Bereitschaft zu haben, innezuhalten, mit diesen Momenten zu sitzen und nicht nach einer schnellen und einfachen Lösung zu suchen. Es ist eine Art Gnade, sich ganz der Erfahrung der Herausforderung, der Schwierigkeit und der Unsicherheit öffnen zu können und zu wollen.

Es gibt helle Gnade und es gibt dunkle Gnade. Helle Gnade ist, wenn du eine Offenbarung hast – wenn du Einsichten hast. Das Erwachen ist eine helle Gnade. Es ist wie die Sonne, die hinter den Wolken hervorkommt. Das Herz öffnet sich und alte Identitäten fallen ab. Dann gibt es dunkle Gnade, wie ich sie auf diesem Retreat hatte. Ich meine nicht „dunkel" im Sinne von unheimlich oder böse, sondern „dunkel" im Sinne einer Reise durch die Dunkelheit auf der Suche nach Licht. Du siehst den Weg nicht mehr. Du siehst auch nicht, worin eigentlich die Herausforderung besteht. Eines der erstaunlichsten Dinge, die mich die tägliche Meditation über viele Jahre gelehrt hat, ist die Weisheit und Gnade, ruhig und still mit dem zu sein, was sich präsentiert, was auch immer es sein mag, ohne nach einer Lösung oder Erklärung zu suchen.

Sich selbst zu sehen ist das Herzstück dessen, worum es bei einer spirituellen Disziplin wie der Meditation geht. Wenn Menschen mit mir ins Retreat gehen, meditieren wir fünf oder sechs Mal am Tag. Die Idee der Meditation ist nicht unbedingt, gut darin zu werden – was auch immer das bedeuten mag, „gut" im Meditieren zu sein. Das Wichtigste, das Nützliche, der Grund, warum wir meditieren, ist, dass wir uns selbst begegnen. Wenn du deine Meditation nicht dazu verwendest, dich vor deiner Erfahrung zu verstecken, wenn du dich nicht darauf konzentrierst, wie du da wieder herauskommst, wenn du ruhig anwesend bist, dann führt die Meditation zwangsläufig zur Authentizität. Sie ist eine außergewöhnlich ehrliche Art, sich selbst in diesem Moment zu erleben. Diese

Bereitschaft, sich selbst zu begegnen, ist von entscheidender Bedeutung. Sie ist ein Schlüssel zum spirituellen Leben und zum Erwachen: für alles präsent zu sein, was auch immer es sein mag. Manchmal ist „was auch immer" banal, manchmal ist es voller Licht, Anmut und Einsicht, und manchmal beginnt es als dunkle Gnade. Wir wissen nicht, wohin wir gehen oder wie wir durchhalten sollen, und dann gibt es plötzlich Licht.

Eines der schönen Dinge an der Meditation ist, dass wir mit diesen Momenten sitzen können, während sie sich vollziehen. Wir können beginnen, ihnen zu vertrauen und uns auf die dunkle Gnade einlassen. Wir erkennen, dass sich unsere wahre Natur in der Verlorenheit selbst findet. In der Meditation begegnen wir uns selbst und wenn wir dazu bereit sind, entsteht Authentizität. Du kannst Bücher lesen, solange du willst. Du kannst dir Vorträge anhören, solange du willst. Und du kannst denken, etwas verstanden oder begriffen zu haben. Doch nur wenn du ganz still bei dir selbst bist, ohne wegzulaufen, entsteht Authentizität. Wenn es uns gelingt, gar nichts zu tun und außergewöhnlich glücklich und in Frieden damit zu sein, haben wir die Ruhe in uns selbst gefunden.

Mit zunehmender Erfahrung können wir den Momenten vertrauen, in denen wir nicht wissen, welchen Weg wir gehen sollen, in denen wir das Gefühl haben, niemals die Antworten zu haben. Wir wissen, dass wir dort innehalten und zuhören können. Dies ist das Herzstück der Meditation: Es ist der Akt des tiefen Zuhörens. Du kannst die gesamte Spiritualität auf die Kunst und Praxis reduzieren, tief zu lauschen und auf das scheinbar Unmögliche zu vertrauen. Das habe ich bei diesem ersten Retreat gelernt. Es hat mich gelehrt, dass eine direkte Begegnung mit Herausforderungen ein Tor ist, um Zugang zu unserer Tiefe zu erhalten, sich mit unserem Wichtigsten auseinanderzusetzen und auf die Entfaltung unseres Lebens zu vertrauen.

Als Lehrer sehe ich, wie Menschen ihrem Leben nicht vertrauen – mit ihren Problemen hadern und manchmal sogar mit ihren Erfolgen. Sie scheitern, weil es ihnen nicht gelingt, darauf zu vertrauen, dass ihr eigenes Leben ihr Lehrer ist. Doch genau in der Art und Weise, wie sich ihr menschliches Leben ausdrückt, liegt die höchste Weisheit. Sie können darauf zugreifen, *wenn* sie stillsitzen und zuhören. Wenn sie in sich selbst versinken können, ihr eigenes Niemand-sein, und die Beschwehrlichkeit erlauben, dass Jemand-sein abzustreifen, dann können sie die Masken ihrer Persona fallen lassen. Spirituell gesehen ist dies genau das, was wir wollen: die Masken fallen lassen. Manchmal nehmen wir sie bereitwillig ab, manchmal fallen sie ab und manchmal werden sie heruntergerissen.

Demaskierung *ist* der spirituelle Weg. Es geht nicht darum, neue Masken zu erstellen – auch keine spirituellen Masken. Es geht nicht darum, von einer weltlichen Person zu einer spirituellen Person zu werden oder ein materialistisches Ego gegen ein spirituelles Ego einzutauschen. Es geht um Authentizität und um die Fähigkeit, dem Leben zu vertrauen, auch wenn es enorm hart ist. Es geht darum, genau da innezuhalten, wo du bist, und in tiefes Zuhören, Bereitschaft und Offenheit einzutreten. Wenn du dich wunderbar fühlst, fühlst du dich wunderbar. Wenn du dich verloren fühlst, fühlst du dich verloren. Du kannst es zulassen, verloren zu sein. Du kannst es zulassen, ohne mit dir selbst darüber zu diskutieren und ohne eine Geschichte darüber zu erfinden. Wir müssen diese Fähigkeit finden, uns selbst zu vertrauen und unserem Leben zu vertrauen – allem, was auch immer es sei. Das ist es, was das Licht scheinen lässt und der Offenbarung Raum gibt.

Die Offenbarung wird uns finden, sobald wir innehalten und zuhören, nicht mit unseren Ohren und nicht mit unserem Verstand, sondern mit unserem Herzen, mit einer zarten und intimen Qualität des Bewusstseins, die uns von unserer konditionierten Art des Erlebens befreit und dafür öffnet, *jeden Moment* zu erleben. Mein erstes Retreat, so schwierig es auch war, lehrte mich, dass die erstaunlichsten Dinge aus den schwierigsten Erfahrungen entstehen können, wenn wir den Mut aufbringen, uns der Situation zu stellen. Das ist das Herzstück der Meditation und zugleich das Herz dessen, was nötig ist, um herauszufinden, wer und was wir sind, wenn wir uns von äußeren Dingen abwenden und uns der Quelle der Liebe, der Weisheit, der Freiheit und des Glücks im Inneren zuwenden. Hier findest du das Wichtigste.

An der Schnittstelle von Liebe und Gnade

Spiritualität im tiefsten Sinne erweckt uns zu dem, was wir sind. Sie befreit unsere natürliche menschliche Art, damit wir wohltätig, liebevoll und freundlich in der Welt präsent sind.

Für mich gehört Gnade zum Wichtigsten. Gnade wird uns geschenkt, wenn wir eine Eingebung erhalten, etwas Schönes, etwas Liebevolles, eine Öffnung oder eine Offenbarung über die Welt. Die spirituelle Sicht von Gnade ist oft, dass man etwas erhält. Man kann Gnade aber auch als die Befreiung von etwas verstehen – eines Tages aufzuwachen und zu bemerken, dass eine Last von uns genommen wurde. Die spirituelle Praxis öffnet uns für beide Arten von Gnade.

Wenn ich über Gnade nachdenke, denke ich an meinen Großvater Harold. Wir hatten eine wundervolle Beziehung. Er war ein außergewöhnlicher Mensch, obwohl man ihn auf den ersten Blick gar nicht so wahrnahm. Er wuchs in extremer Armut auf, besaß aber einen lebhaften Geist und eine natürliche Herzensgüte. Er ist der erste wahre Christ, den ich gekannt habe. Nicht dass er viel über das Christentum gesprochen hätte, aber es nahm in seinem Leben einen großen Raum ein. Sein Verhalten verkörperte die christlichen Tugenden auf sehr natürliche Weise. Ich will damit nicht sagen, dass er ein perfekter Mensch war oder dass er meine Großmutter manchmal nicht verrückt gemacht hätte, aber sein Herz war offen und großzügig.

Eine der großen Freuden meiner frühen Jugend war es, mit meinem Großvater und seinem besten Freund und Nachbarn John, den er fünfzig Jahre lang kannte, Golf zu spielen. John war ein kräftiger deutschstämmiger Mann mit Igelfrisur, ein pensionierter Ingenieur.

Mein Großvater und John waren totale Gegensätze. John war etwas streng und sehr ordentlich. Er konnte schnell aufbrausend werden, aber er hatte etwas Schönes an sich – er hatte ein gutes Herz. Bei der ersten Begegnung mochte man das nicht bemerken. Ich habe es in seiner Beziehung zu meinem Großvater gesehen. Die beiden waren fantastische Freunde.

Ich weiß nicht, wie John das fand, als mein Großvater mich zu ihren Golftagen mitbrachte. Er mag nicht besonders begeistert gewesen sein, ein elf- oder zwölfjähriges Kind dabei zu haben, aber er hat mich immer gut behandelt. Ich habe es geliebt, mit ihnen Golf zu spielen (obwohl ich ein schrecklicher Golfer war und immer noch bin), und mein Großvater war begeistert, dass ich dabei war.

Mein Großvater war nicht gerade schüchtern. Er tat Dinge aus purer Freude, ohne Rücksicht darauf (soweit ich sehen konnte), was irgendjemand denken könnte. Beim Golfen liebte er es, eine Tüte mit Toastbrot in seine Tasche zu stecken. In der Nähe eines kleinen Sees, in dem sich Enten tummelten, holte er sein Brot heraus und warf den Enten Stücke zu. Es dauerte nicht lange, bis dreißig oder fünfzig Enten den Golfkurs entlang watschelten und meinem Großvater wie dem Rattenfänger von Hameln folgten, während er ihnen Brotstücke über die Schulter warf. Es war chaotisch, als wir auf das nächste Grün fuhren, umgeben von einer großen Schar Enten und Gänsen. Die anderen Golfer beobachteten uns mit verdutzten Gesichtern.

Als Kind fand ich das wunderbar. John fand es jedoch weniger amüsant. Er schimpfte leise vor sich hin: „Verdammt, Harold. Musst du jedes Mal die verdammten Enten füttern?“ Er beschwerte sich, aber mein Großvater ignorierte ihn lächelnd und fuhr damit fort, die Enten zu füttern. Es machte ihm einfach Freude. Die ganze Szenerie war für John kaum zu ertragen. Es war nicht, was er unter anständiger Golf-Etikette verstand. Diesen beiden über den Golfplatz zu folgen, war eines der amüsantesten Dinge, die ich je in meinem Leben getan habe.

Als schrecklicher Golfer habe ich nie lange gebraucht, um einen Ball in einen Bach oder See zu befördern. Wenn ich das tat, rollte mein Großvater seine Hose hoch, zog seine Schuhe aus und watete ins Wasser, um meinen Golfball und alle anderen Golfbälle zu suchen, die er herausfischen konnte. Mit einem breiten Lächeln im Gesicht und zehn oder zwölf Bällen in den Händen kam er wieder raus. Er überreichte mir strahlend meinen Ball zusammen mit den anderen, die er gefunden hatte.

Er war so stolz! Ich fand es herrlich, jemanden im Alter meines Großvater zu sehen, der sich amüsierte, doch John war gar nicht erfreut über einen weiteren Verstoß gegen die Golf-Etikette. Dabei war es meinem Großvater keineswegs egal, was John dachte – im Gegenteil, er kümmerte sich oft rührend um ihn – aber mein Großvater war eben, wer er war: ein herzlicher, aufgeschlossener Mann von beispielhafter Großzügigkeit.

Mein Großvater und ich unternahmen einmal eine lange Reise von Kalifornien bis ins tiefe Alaska über den Alaska Highway, der damals aus mehr als tausend Meilen unbefestigter Straße bestand. Was für ein Abenteuer! Wir fuhren fast den ganzen Tag und übernachteten auf Campingplätzen. Nachdem wir unser Lager aufgebaut hatten, machte mein Großvater seine Runde, stellte sich den Nachbarn auf dem Campingplatz vor und begann Gespräche. Er hatte eine erstaunliche Art, mit Menschen in Kontakt zu treten.

Nach seiner Pensionierung drehte sich sein Leben hauptsächlich darum, wie er anderen dienen konnte. Er besuchte Gefängnisse, sprach mit Gefangenen über seinen christlichen Glauben und lieferte Essen auf Rädern aus. Es gibt eine lange Liste von gemeinnützigen Taten, die er vollbrachte. Mein Großvater teilte die Art von Liebe, die sich auf alle Wesen erstreckt – eine wunderbare christliche Liebe. Der Durchschnittsmensch betrachtet alles durch eine Linse seiner eigenen Konditionierung. Mein Großvater jedoch – der auch seine eigene Konditionierung hatte – wurde von seinem Herzen geführt. Er zeigte mir, welchen Einfluss ein einzelner Mensch auf das Leben der Menschen in seiner Umgebung haben kann. Er ließ nicht zu, dass die Meinung der anderen seinem Ausdruck von Liebe und Freude im Wege stand. Das war eine tiefgreifende Lektion: mit jemandem zusammen zu sein, der war, wer er war und der alle anderen so akzeptierte, wie sie waren.

Mein Großvater widmete sein ganzes Leben der Absicht, ein guter Christ zu sein. Für ihn war das Christentum kein Dogma, sondern eine wohltuende und liebevolle Präsenz in der Welt und im Leben der Menschen. Er hatte diese tieferen Werte so verinnerlicht, dass er sie lebte. Er war auf natürliche und spontane Weise ein Christ. Das war sein größtes Talent. Wenn du mit ihm zusammen warst, hattest du keinen Zweifel daran, dass er dich akzeptiert und liebt. Spiritualität im tiefsten Sinne erweckt uns zu dem, was wir sind. Sie befreit uns auf eine natürliche und menschliche Art, wohltätig, liebevoll und freundlich in der Welt präsent zu sein.

Mein Großvater sagte, er wolle auf einem Schlauchboot oder Boot auf einem alpinen See hoch in den Bergen der Sierra Nevada in Kalifornien sterben. Er liebte diese Berge so wie ich, und er liebte es, Zeit auf dem Wasser zu verbringen. Ich weiß nicht, wie er auf die Idee mit dem Schlauchboot kam, aber er liebte das Angeln. Er hatte ein Herzproblem aufgrund eines Virus, den er sich in jungen Jahren zugezogen hatte, als er in den Stahlwerken arbeitete – heiße, gefährliche, schreckliche Arbeitsplätze, besonders in den 1930er und 40er Jahren. Weil er arm war, musste er arbeiten, obwohl er krank war. Das Virus griff sein Herz an und vergrößerte es. Er glaubte immer, dass er daran sterben würde. Und so kam es dann auch. Irgendwann mit Mitte siebzig starb er auf einem seiner Lieblingsseen in den Bergen der Sierra Nevada – *in einem Schlauchboot!* Er hatte einen Herzinfarkt und starb dort auf dem See, genau wie er es sich erhofft hatte.

Als er starb, fühlte ich mich weder traurig noch betrübt. Er hatte ein so großartiges Leben, auch wenn es manchmal schwierig gewesen war. Aber er hatte es mit Freude gelebt und er beendete es mit Freude. Er war ein so lebhafter, fürsorglicher Geist, dass ich das Gefühl habe, er lebt in mir weiter. Ich bin dankbar, dass er in meinem Leben war und dass ich in seiner Gegenwart sein durfte. Er hat mir geholfen, mein Bewusstsein für die Rollen, die wir im Leben unserer Mitmenschen spielen, zu schärfen und die Qualität unserer Interaktion zu erkennen – wie herzlich wir präsent sind und wie wir in jedem Moment unseres Lebens Liebe und Gnade in die Tat umsetzen können. Das ist die Gnade, die mein Großvater mir geschenkt hat.

Die Bereitschaft, dem Unbekannten zu vertrauen

Gnade erscheint in vielfältiger Gestalt – manchmal ganz einfach, wie ein Geschenk, und manchmal wie eine Last.

„Gnade" ist ein Wort, das in der Spiritualität und auch außerhalb der Spiritualität häufig verwendet wird. Die Menschen sprechen von ihren Erfahrungen der Gnade als Durchbruch oder plötzliche Erkenntnis. Die christliche Definition von Gnade ist „das Geschenk der unverdienten Wohltat" – das Gefühl, ein Geschenk vom Universum oder von Gott aus einem Grund zu erhalten, den wir nicht verstehen. Möglicherweise fühlen wir, dass wir es nicht verdienen. Wir wissen, dass wir nicht persönlich dafür verantwortlich sind. Wir fühlen uns glücklich und gesegnet. Das spirituelle Erwachen selbst ist eine Gnade – ein Glücksfall, ein Gottesgeschenk. Gnade erscheint in vielfältiger Gestalt – manchmal ganz einfach, wie ein Geschenk, und manchmal wie eine Last.

Wenn ich über dieses Wort nachdenke – GNADE –, bedeutet es mehr als jene Momente unverdienter Wohltat. Wenn wir Gnade nur so sehen, erkennen wir *den* Aspekt der Gnade nicht, der unser Herz und unseren Verstand öffnet und uns für die Entfaltung neuer Einsichten oder Wahrheiten zugänglich macht. Was uns zur Gnade öffnet, ist der *Wandel.* In schwierigen Zeiten machen wir die größten Fortschritte in unserer Entwicklung und unserem Verständnis – wenn wir den Verlust eines geliebten Menschen, eines Freundes, eines Jobs, einer Beziehung oder unserer Gesundheit erleben, wenn wir das Gefühl haben, an den Abgrund gedrängt zu werden. Diese Momente fühlen sich selten so an, als seien sie voller Gnade, aber sie sind die aufschlussreichsten. Manchmal, wenn wir am weitesten von der Gnade entfernt zu sein scheinen, wenn wir nichts mehr verstehen und keinen Ausweg mehr sehen, wenn wir am Abgrund des Unbekannten stehen und nicht wissen, wohin wir gehen sollen – dann haben wir unseren Durchbruch.

Das bedeutet nicht, dass wir an unseren Abgrund gedrängt werden müssen, um einen Durchbruch zu erleben. Es gibt kein Gesetz, das besagt: „Der Weg zur Gnade führt über das Leiden." Doch wir können leiden und haben trotzdem keinen Durchbruch. Manche Menschen leiden ein Leben lang und erreichen nie ein tieferes Verständnis. Sie sind auf inneren Widerstand konditioniert, halten sich fest und sind nicht bereit, das Leben auf eine andere Art und Weise zu betrachten. Sie haben die Konsensrealität und das Gewohnte akzeptiert, auch wenn es nicht funktioniert, selbst wenn es Schmerzen verursacht. Sie mögen zwar leiden, aber es ist eben vertrautes Leiden. Manchmal müssen wir, damit Momente der Gnade eintreten, diese Konditionierung überwinden und uns der Intensität des Verlusts, der Intensität der Verwirrung und der Intensität des Umgangs mit etwas Überwältigendem stellen – besonders wenn es uns widerstrebt. Gnade ist die Bereitschaft, ein Muster als Muster zu sehen, zu sehen, dass etwas nicht so funktioniert, wie wir es im Leben eingerichtet haben, und zu sehen, dass wir uns nicht daraus herausdenken können.

Der Teil der Gnade, über den nicht oft gesprochen wird, ist unsere aktive Teilnahme. Gnade ist immer ein Geschenk, aber manchmal müssen wir daran arbeiten, um es entgegenzunehmen. Was ist unsere persönliche Antwort, die uns den Weg zur Gnade öffnet? Es ist die Bereitschaft, anzunehmen, dass wir nicht wissen, worin unser Wandel besteht, was das Sein uns bringen wird und wie unsere neue Art zu leben aussehen wird. Wenn wir in den Abgrund zwischen unseren Gewohnheiten und großen psychischen Umwälzungen fallen und erkennen, dass wir keine Ahnung haben, wie wir damit umgehen sollen, dann entsteht die Möglichkeit zur Gnade. Wenn du in diesem Moment bereit bist, diese Unsicherheit anzunehmen, findet eine Transformation statt. Gnade strömt aus. Deshalb finden die größten Sprünge in unserer persönlichen und menschlichen Entwicklung oft aufgrund der schwierigsten Erfahrungen im Leben statt. Manchmal lassen wir los, weil wir verzweifelt sind. Wir sind es satt zu leiden, wir können es keine Minute länger aushalten. Jetzt sind wir bereit loszulassen, obwohl wir keine Ahnung haben, wie das Ergebnis aussehen wird. Das einzige, was wir wissen, ist, dass wir leiden und deshalb aufhören, uns zu widersetzen. Es braucht diesen Akt der Verzweiflung – oder des Vertrauens –, um sich so zu öffnen.

Das ist Gnade, die Bereitschaft, dem Unbekannten zu vertrauen. Es ist auch das Herzstück eines tiefen Gebets. Wie viele christliche Mystiker gesagt haben: Das tiefste Gebet sind nicht unsere Worte – Gott zu sagen, was wir wollen oder was wir brauchen –, sondern ein Zustand stillen Zuhörens, der auf eine Antwort wartet. Wie das Gebet ist Meditation im tiefsten Sinne ein Akt des Vertrauens und des Loslassens der Kontrolle. Es ist der Wunsch, bereitwillig die Antwort auf eine Frage oder eine Lösung von irgendwoher zu erhalten. Ob du dieses „irgendwoher" als Gott oder universelle Weisheit oder als eine unbekannte, unerschlossene Dimension deines Bewusstseins betrachtest, spielt keine Rolle. Was zählt, ist das Vertrauen in das Loslassen. Es ist oft Verzweiflung, die zu diesen Momenten des Vertrauens führt. Wenn wir alle anderen Möglichkeiten ausgeschöpft haben, bleibt nur noch, offen zu sein, zuzuhören und verfügbar zu sein. Viele Sorgen, viel Kampf und viel Leid können erforderlich sein, um an diesen einfachen Ort der Bereitschaft zu gelangen.

Schließlich können wir anfangen zuzuhören, anstatt unsere Verwirrung zu bekräftigen. Wir können uns dem Nichtwissen öffnen, das in Stille und Ruhe besteht. Es ist nicht die Stille der Disziplin oder der Anstrengung. Es ist die Stille einer Weisheit, die uns bereit macht zu sehen, dass etwas Neues, etwas, das wir uns nicht einmal vorstellen können, in uns entstehen will. Es ist nicht etwas, das wir erschaffen – es ist kein durchdachter Plan –, sondern etwas, das aus den Tiefen unseres Bewusstseins heraus von selbst entsteht. Wenn wir das verinnerlichen – nicht nur denken oder glauben, sondern die absolute Notwendigkeit erkennen, bringt dies sein eigenes Zuhören mit sich. Unser Körper wird zu einem empfindsamen Instrument. Wir versuchen nicht, einem Moment der Schwierigkeit oder Verwirrung oder des emotionalen Umbruchs zu entkommen. Wir erlauben uns, genau dort zu sein, wo wir sind, am Abgrund des Unbekannten und am Abgrund der Notwendigkeit einer neuen Art zu sein.

Wenn wir in einen Zustand tieferen Zuhörens und tieferer Verfügbarkeit geraten, rennen wir nicht mehr vor dem weg, was ist, vor der Situation oder vor dem Gefühl, sondern öffnen uns ohne eigene Agenda. Dies ist nicht einfach – es erfordert große Demut zu akzeptieren, dass du das Unbekannte nicht lösen kannst – aber du kannst in die Domäne des Unbekannten eintreten, in das Terrain der Verfügbarkeit. Dies ist die Umgebung, in der Gnade entsteht. Es scheint, als käme sie aus dem Nirgendwo, aber wir müssen in der Lage sein, in dieses Nirgendwo einzutreten. Du kannst es nennen, wie du willst. Wie wir es nennen, ist nicht so wichtig wie die Erkenntnis, dass es verfügbar ist.

Die Gnade ist immer da. Sie wird nicht von einem Mann im Himmel mit Bart verteilt, der wählt, wer sie bekommt und wer nicht. Das einzige, was zählt, ist unsere Bereitschaft, offen für Gnade zu sein – selbst an unseren tiefsten Einsichten nicht festzuhalten, sondern präsent zu sein in der Weisheit und Liebe, aus der allein wahre Einsichten entspringen.

Überraschungsmoment

Dieser Moment ist reine Magie.
Es ist nicht zu glauben, wie außergewöhnlich
dieser Moment ist.

Die Möglichkeiten, wie sich Gnade offenbart, sind breit gefächert. Denk an den Moment, als Moses Gott im brennenden Busch sah. Das war ein Moment enormer Gnade. Als Moses den Berg bestieg, wusste er wahrscheinlich nicht, was dort geschehen würde. Plötzlich erschien eine großartige Vision eines brennenden Busches, und von diesem Moment an war sein Leben unwiderruflich verändert. Er kam mit einem Geschenk vom Berg herunter – einer neuen Vision des Lebens, der Realität und mit einem neuen Verständnis von Gott. So verhält es sich auch mit dem Erwachen des Buddha unter dem *Bodhi*-Baum. Ich nehme nicht an, dass er sich hinsetzte und dachte: *Heute ist der Tag!* Gnade vollzieht sich in einem Überraschungsmoment. Weil sie unverhofft ist, fühlt es sich an, als sei uns etwas verliehen worden, etwas Leichtes oder etwas Schwieriges. Wir können dafür verfügbar sein, aber wir können es nicht direkt bewirken.

Es gibt verschiedene Formen von Gnade. Eine Freundin, Mutter von zwei Kindern, erzählt, wie die Geburt ihres ersten Kindes sie für immer verändert hat. Sie hätte sich nie träumen lassen, dass sie bei der Geburt ihres ersten Kindes eine derartige Tiefe und Liebe erfahren würde. Dieses Ereignis hat ihr Leben neu ausgerichtet. Es war so beeindruckend, dass sie sich fragte, ob sie beim zweiten Kind die gleiche, zutiefst lebendige Liebe erfahren könnte. Es schien ihr unbegreiflich, dass es noch einmal geschehen könnte. Das ist eine echte, lebensverändernde Gnade.

Eine andere Art von Gnade tut sich auf, wenn die Dinge überhaupt nicht gut laufen, wenn wir uns ins Unbekannte wagen und etwas Tiefgründiges empfangen. Wenn du wirklich empfänglich bist für das, was dir geschieht, auch wenn es mal nicht so läuft, wie du es dir vorstellst oder gerne hättest, dann öffnest du dich für die Gnade und kannst auf sie antworten. Dein Leben beginnt sich zu verbessern, du kriegst die Kurve und findest etwas, von dem du nie geträumt hättest.

Dann gibt es die kleinen Momente der Gnade – wie das Geschenk, morgens aufzuwachen, Luft zu holen, die Arme zu strecken und den Herzschlag zu spüren. Diese Gnade geschieht nicht aufgrund von etwas, das du getan hast. Dass dein Herz schlägt und deine Lungen atmen und du deine Handflächen fühlen kannst, ist kein besonderes Verdienst. Dieses außergewöhnliche, überwältigende Geheimnis des Lebens ist ein Geschenk, und alles, was wir tun müssen, ist, es zu empfangen.

Es gibt einen anderen Teil der Gnadenerfahrung, über den nicht oft gesprochen wird: wie wichtig es ist, das Gegebene zurückzugeben. Gnade ist keine Einbahnstraße. Sie ist nicht nur ein Geschenk, das empfangen wird, sondern auch ein Geschenk, das gegeben werden möchte. Wir empfangen Gnade, um Gnade zu geben, und je mehr wir Gnade geben, desto offener sind wir dafür, sie zu empfangen. Es ist wie ein Kreis, der sich schließt, wenn wir einen Weg finden, unsere Gnadenmomente durch *Geben und Nehmen* lebendig werden zu lassen. Wenn wir dies nicht tun, wenn wir nur Konsumenten der Gnade sind, verbringen wir möglicherweise viel Zeit damit, auf sie zu warten, ohne zu sehen, dass wir Gnade geben können – in Form unserer Zeit und Aufmerksamkeit, eines Moments des Bewusstseins wahrer Verfügbarkeit, herzlichen und liebevollen Bewusstseins. Wir können uns zur Verkörperung der Gnade machen.

Ein Geschenk der Gnade, das ich nie vergessen werde, erhielt ich von meinem Lehrer der vierten Klasse, Dr. Vogel. Er war ein wunderbarer Mann und vielleicht der erste Buddha, den ich getroffen habe. Er war wirklich ein erleuchtetes Wesen. In einem Schuljahr mussten wir vor der Klasse Reden halten. Die Rede sollte eine Seite lang sein, nicht länger und nicht kürzer. Als ich an die Reihe kam, war ich nervös. Ich hatte so etwas noch nie gemacht. Ich stellte mich vor die Klasse, legte mein Stück Papier auf das Rednerpult und sah die anderen Schüler an. Ihre Augen waren auf mich gerichtet. Ich geriet so in Panik, dass ich die Worte nicht erkennen konnte, als ich auf meine Rede herabblickte. Ich war so nervös, dass ich vor Angst erstarrte und nicht mehr lesen konnte. Dadurch wurde meine Panik noch schlimmer.

Ich sah auf und erkannte Dr. Vogel hinten im Klassenzimmer. Er war ein rundlicher Typ und hatte die Hände über seinem großen Bauch gefaltet. Auf seinem Gesicht lag das breiteste und seligste Grinsen. Er lächelte mit solcher Freude und Liebe, dass es ansteckend wirkte. Sein Gefühl, dass alles gut ist, erreichte mich. Es war, als würde er sagen: „Kind, das ist ein großartiger Moment. Du glaubst gar nicht, wie außergewöhnlich dieser Moment ist."

Dort stand ich in totaler Panik, doch sein Gesichtsausdruck sagte mir, dass dieser Moment perfekt war. Ich sah in sein Gesicht und konnte fühlen, was er fühlte. Ich konnte fühlen, wie sich die Energie seines Vertrauens in meinen Körper ausbreitete und mich wie einen Ballon mit Luft füllte, und als ich wieder auf mein Stück Papier schaute, konnte ich die Worte lesen. Aber ich habe die Rede nicht vorgelesen. Stattdessen sah ich meinen Klassenkameraden direkt in die Augen und begann spontan zu sprechen. Ich sprach ungefähr zehn Minuten lang. Alles war leicht und voller Freude. Ich war überglücklich.

Seit diesem Moment kann ich mit Leichtigkeit und einem gewissen Maß an Selbstvertrauen vor Menschen sprechen, egal wie groß die Gruppe ist, obwohl ich von Natur aus ein schüchterner Mensch bin. Ich schulde es Dr. Vogel in der vierten Klasse. Er hat mir Gnade geschenkt. Ich kann mir vorstellen, dass viele Erwachsene sich unwohl fühlen würden, wenn sie aufschauen und ein Kind in Panik sehen. Sie würden selbst in Panik geraten. Dr. Vogel hat das nicht getan. Er lächelte mich an, nicht weil er mir helfen wollte, sondern weil er wusste, dass alles in Ordnung war. Er wusste in der Tiefe seines Wesens, dass dies ein kostbarer und vielversprechender Moment war, und er strahlte diese Wahrheit vom hinteren Teil des Klassenzimmers aus – eine wortlose Übertragung der Gnade.

Ich habe viele Male darüber nachgedacht, nicht nur, weil es ein Moment der Gnade für mich war, sondern weil Dr. Vogel Gnade schenkte – die Gnade seiner Gewissheit über die Güte dieses Augenblicks und meiner eigenen Güte. Er hatte volles und absolutes Vertrauen in mich, selbst als ich in Panik geriet. Wir alle könnten so jemanden in unserem Leben gebrauchen, nicht wahr? Ganz gleich ob wir jemanden wie diesen

Lehrer haben oder nicht, wir alle können Gnade in uns selbst finden und uns bewusstwerden, wie wir Botschafter der Gnade sein können: demütig, nicht überheblich und nicht besserwisserisch. Wir haben alle unsere eigenen Momente der Gnade. Das ist nichts besonders Spirituelles, und es ist auch nicht auf Momente transzendenter Offenbarung beschränkt, obwohl es diese einschließt. Es gibt viele Gelegenheiten im Leben, in denen wir uns begnadet fühlen, und es gibt endlose Möglichkeiten, diese Gnade in uns zu spüren und sie der Welt zugute kommen zu lassen. Auf diese Weise werden wir alle Stück für Stück gesünder, freier und glücklicher.

Die Vielgestaltigkeit des Einen

Alles ist in jedem Moment
ein Produkt von allem anderen.

Gnade vollzieht sich als eine grundlegende Erfahrung. Ich nenne sie „grundlegend", weil es die Erfahrung dessen ist, was immer schon da ist. Nehmen wir zum Beispiel die Realität. Sie ist nicht etwas, das zu einem bestimmten Zeitpunkt entsteht und dann zu einem anderen Zeitpunkt verschwindet, um zu einem späteren Zeitpunkt wieder zu entstehen. Die Realität ist immer schon da. Sie ist das Herzstück der grundlegenden Erfahrung. Wir können sie spirituelles Erwachen, Erleuchtung oder alles Mögliche nennen. Wir können sie als eine Art Gnade erleben.

Diese grundlegende Erfahrung wird immer als Gnade erlebt, weil sie spontan entsteht. Sie ist gewissermaßen unverdient. Wenn wir dies auf die Erleuchtung anwenden, ist es jedoch nicht so einfach. Es bedeutet nicht, dass unsere Handlungen keinen Einfluss auf die Gnade, auf spontane Momente der Offenbarung haben. So zu denken, wäre ein Missverständnis. Die tiefe Offenbarung der Realität zeigt uns, dass in der gesamten Existenz alles miteinander verbunden ist. Alles steht mit allem in Verbindung. Was wir durch die Gnade des Erwachens erkennen, ist die fundamentale Natur dieser Realität, die fundamentale Natur dieser All-Verbundenheit.

Wir sehen, dass es kein anderes als unser eigenes Sein und kein anderes als unser Selbst gibt. Es gibt viele Namen für diese Realität – Buddhanatur, Christusbewusstsein, das Unendliche, Geist. Ich mag „Geist" in diesem Zusammenhang, weil Geist die Natur jeder Erfahrung ist, die wir machen können. Jeder Moment, in dem wir etwas erleben, einschließlich dieses Augenblicks, ist eine Manifestation des Geistes – und als Manifestation des Geistes passt alles zusammen. Die Schlussfolgerung, dass das, was wir tun, keinen Bezug zu dieser Erfahrung hat, ist daher falsch. Präziser wäre es zu sagen, dass das, was wir tun, nicht direkt einen Moment der Gnade oder des Erwachens verursacht. Es gibt keinen direkten Kausalzusammenhang zwischen unseren spirituellen Bestrebungen und dem Eintreten der Selbsterfahrung oder des spirituellen Erwachens. Alles, was wir tun, trägt jedoch indirekt dazu bei, weil alles mit allem zusammenhängt – der Grund für jeden Moment ist alles, was im gesamten Kosmos geschieht oder jemals geschehen ist. Das meine ich, wenn ich sage, dass alles miteinander zusammenhängt, da alles an der Verursachung von allem anderen beteiligt ist.

Wenn es einen direkten Kausalzusammenhang zwischen unseren Handlungen, unserer spirituellen Praxis und dem Beginn der spirituellen Erleuchtung gäbe, könnten wir diese Elemente in eine Formel verwandeln, die zur Erleuchtung führt, wie zwei plus zwei gleich vier. So einfach ist das nicht. Die andere dualistische Idee, dass das, was wir tun, keine Beziehung zum Erwachen hat, ist auch unzutreffend – denn das würde bedeuten, dass nicht alles miteinander verbunden ist. Was wir durch das tiefe Erwachen erleben, ist, dass alles mit allem anderen, was geschieht, verbunden ist. Das meine ich mit „indirektem Kausalzusammenhang". Dieser Satz ist ein Paradoxon für den Intellekt, aber von einem tieferen Ort aus – durch das Weisheitsauge von *Prajna*, wie wir im Zen sagen – können wir sehen, dass alles miteinander verbunden ist.

Diese Sicht der Realität wirkt sich auf unser Leben und die Gnade aus. Nicht nur die Gnade des spirituellen Erwachens, sondern jeden Moment der Gnade. Gnade ist immer Teil der Gleichung, ob wir es bemerken oder nicht. Alles ist in jedem Moment ein Produkt von allem anderen. Das Erwachen zeigt uns, dass kein Moment etwas Besonderes ist, denn jeder Moment ist ein Ausdruck des Geistes.

Als ich zum ersten Mal in diese Sichtweise, diesen Gnadenzustand, stolperte, war ich ungefähr fünfundzwanzig und suchte mit großer Intensität und Konzentration nach Erleuchtung. Ich suchte Erleuchtung so, wie ich viele Dinge suchte, die ich wollte – ich ging ihr mit Entschlossenheit und harter Arbeit nach. Der größte Teil dieser Arbeit war Meditation, und mit dieser Meditation kamen viele Fragen und Nachforschungen. Ich las viel, aber nicht, um Informationen zu sammeln, sondern vielmehr um meiner kreativen Sehnsucht nachzukommen. Ich wusste nicht, worin mein Durchbruch bestehen würde, aber ich hatte das intuitive Gefühl, dass es eine andere Art gab, mich und das Leben wahrzunehmen.

Eines Tages, nachdem ich viel meditiert hatte, öffneten sich plötzlich die Pforten der Wahrnehmung. Die Natur der Realität als das, was schon immer da war, aber immer neu ist, war eine der größten Überraschungen: Mir wurde klar, dass die Realität, die ich gesucht hatte, immer schon da war. Und sie war nicht nur immer da, sondern ich war es auch. Ich meine nicht „Ich“ als Ego oder Persönlichkeit, sondern „Ich“ als die erwachte Wirklichkeit selbst. In gewisser Hinsicht bin ich aus mir selbst, wie ich mich selbst gekannt hatte, heraus aufgewacht. Das ist das Erstaunliche daran: Hier sind wir ganz wir selbst und kämpfen um einen spirituellen Durchbruch, und plötzlich erkennen wir, dass die Person, die versucht, den Durchbruch zu erzielen, gar nicht vom Geist getrennt ist. Ich hatte die Realität oder Erleuchtung angestrebt und die ganze Zeit bin ich sie selbst – ich bin diese Realität und ich bin diese Erleuchtung.

Kann ich sagen, dass das, was ich tat – all meine Meditationsübungen, mein Suchen, meine Fragen, meine Neugierde, mein Lesen, mein Schreiben und der ganze Rest – diesen Moment der Klarheit hervorgebracht hat? Kann ich mir selbst das Ereignis zuschreiben? In gewisser Hinsicht kann ich das nicht, weil ich es nicht verursacht habe. Man bringt keine Realität hervor. Obwohl ich es nicht direkt verursachte, war alles, was ich tat, eine Manifestation des Erwachens und des Entstehens im Bewusstsein. Wir kommen zur spirituellen Praxis, weil die tiefere Realität bereits Raum greift und zuerst die Form eines spirituellen Impulses, einer Sehnsucht annimmt. Die Sehnsucht mag nicht die Verwirklichung der Erleuchtung sein, sie mag nicht die vollkommene Erfahrung der Erleuchtung sein, aber sie ist ihre erste Regung. Wenn die Erleuchtung sich nicht in unserem Bewusstsein regen würde, hätten wir auch keine Sehnsucht nach ihr. Sie wäre uns egal.

Was wir tun, hat große Auswirkungen. Unser spiritueller Impuls ist nicht die direkte Ursache, aber er bewirkt indirekt das Entstehen eines erwachten Bewusstseins in unserem Leben. Jede Person, die einen tiefen Moment des Erkennens oder Erwachens hat, kann nicht umhin, dies zu sehen. Einer der überraschendsten Aspekte ist, dass wir etwas suchen, was wir bereits sind, aber es nicht wissen. Also suchen wir danach, als wäre es etwas Unerreichbares. Indem wir jedoch die Realität (oder die Buddhanatur oder das Erwachen oder die Erleuchtung) suchen, als ob es etwas Anderes als das ist, was wir sind, und etwas anderes als das, was in diesem Moment geschieht, vermeiden wir es unabsichtlich. Unser Suchen führt dazu, dass wir nicht wahrnehmen, was schon immer der Fall ist.

Das Bewusstsein, das diese Worte liest, das Bewusstsein, das in die Welt schaut und Geräusche um sich herum hört – dieses Bewusstsein zu erkennen, bevor du überhaupt versuchst, bewusst zu sein, ist das Tor zur fundamentalen Realität. Dieses Bewusstsein ist das Bewusstsein des Unendlichen. Dieses Bewusstsein ist selbst das unendliche Bewusstsein.

Es ist gut, eine Bewusstseinspraxis zu haben, in der du versuchst, präsent zu sein für das, was geschieht. Das hat seinen Platz, aber ich spreche von etwas anderem: nicht zu versuchen, die Qualität deiner Aufmerksamkeit zu verbessern, sondern dich in die Natur des Bewusstseins hinein zu entspannen. Dann siehst du, dass sich alles andere in einem ständigen Wandel befindet. Du, was auch immer „Du" ist, bist immer da, ob etwas passiert oder nicht, ob du eine Erfahrung hast oder nicht, ob du denkst oder nicht.

Was du bist, ist immer da und das einzige, was immer da ist, ist Bewusstsein oder Gewahrsein. Es ist in jeder Erfahrung und es ist in jedem Anblick, Geräusch, Geruch, Geschmack und Gefühl. Du musst nicht versuchen, alles loszuwerden, was du siehst, riechst, schmeckst, berührst oder erkennst. Wenn du versuchst, es loszuwerden, bedeutet dies, dass du versuchst, Objekte zu ändern, wodurch du in der Welt der Objekte stecken bleibst. Um uns selbst zu erkennen, sollten wir es aufgeben, am Objekt unserer Wahrnehmung, unseres Bewusstseins festzuhalten, und es dem Bewusstsein ermöglichen, wieder sich selbst zu spüren. Bewusstsein ist eine offene, geräumige, leere, aufmerksame Eigenschaft, wenn es in sich selbst hineinspürt.

Wenn du zu irgendeinem Zeitpunkt in das Bewusstsein selbst hineinspürst, erkennst du, dass du Bewusstsein bist. Es ist möglich, dass das Bewusstsein erkennt, dass es am Grund aller Erfahrung ist. Die Erfahrung ist ein Ausdruck dieses letzten Daseinsgrundes. Alles ist also die Entfaltung des Geistes und alles ist die Entfaltung des Bewusstseins. Dies sind nur Worte, aber hoffentlich sind es Worte, die auf etwas hinweisen. Du beginnst zu spüren, dass es unmöglich ist, sich suchend in die Natur des Bewusstseins hinein zu entspannen, denn jedes Suchen wird auf der Suche nach etwas bleiben, das im Bewusstsein geschieht. Alles Suchen geschieht in der Zukunft – es sehnt sich nach etwas, das nicht vorhanden ist. Mit einer direkten Lehre oder einem direkten Hinweis auf die Natur der Realität geben wir jedoch die Zukunft auf. Wir geben das Streben nach etwas auf, das zu einem anderen Zeitpunkt eintreten könnte, damit wir in die Natur dieses Augenblicks hinein versinken können. Der Grund ist, dass die Natur der Realität konstant ist. Sie ist immer hier. Jeder Zustand, jede Erfahrung ist genug. Es gibt nichts, was außerhalb des Geistes liegt. Du musst nicht nach einem besseren Moment oder einem besseren Zustand suchen. Wenn du in den aktuellen Moment versinkst, siehst du, dass der ganze Moment vom Licht des Gewahrseins durchflutet ist – dem Licht des Bewusstseins.

Wenn du immer wieder ins Bewusstsein des Seins versinkst, wirst du vielleicht spüren, dass das, was wir „die Welt" nennen, eine Idee ist und selbst Ausdruck des Bewusstseins und des Geistes. Diese Dinge kommen zu uns, indem wir uns in unser gegenwärtiges Bewusstsein hinein entspannen. So einfach ist das. Wenn es einen Weg gibt, ist das der Weg. Der Wunsch, in die Natur des gegenwärtigen Augenblicks, in das Bewusstsein zurückzukehren, ist eine Gnade. Woher kommt dieser Wunsch? Woher kommt diese Bereitschaft?

Die höchste Gnade ist zu sehen, dass jeder Moment Gnade ist. Jeder Moment ist sein eigenes Wunder. Wenn wir den Moment so erleben, ist er ein Geschenk. Wir müssen uns nur einlassen und die Natur unseres Seins erfahren.

Schicksalsschläge

Sich auf die ganze Tiefe des Daseins einzulassen, braucht tiefes Vertrauen.

Schwierigkeiten im Leben öffnen uns für Momente der Gnade. Sie erinnern uns daran, dass unter der Oberfläche, unter der Art, wie die Dinge zu sein scheinen, die Essenz des Lebens zu finden ist. Wenn wir über Gnade oder über einen Moment des Durchbruchs zu einer höheren Ebene der Realität sprechen, der wir angehören und die wir sind, stellen wir uns das als etwas extrem Angenehmes vor – oder zumindest als etwas Angenehmeres als den gegenwärtigen Zustand. Wir glauben, wenn wir uns nur unsere Schwierigkeiten vom Leib halten könnten, wenn wir nicht durch das, was Tag für Tag geschieht, so herausgefordert würden, hätten wir eine bessere Chance, Momente der Gnade zu erleben. Das Paradoxe ist, dass diese Vorstellungen von Gnade das Gegenteil von dem sind, was uns in Wirklichkeit für Momente der Gnade öffnet.

Manchmal haben wir Momente der Gnade und des tieferen Verständnisses, wenn wir uns in einer ruhigen, komfortablen und sicheren Umgebung befinden. Gnade kann durchaus entstehen, wenn wir an einem ruhigen Tag durch den Wald gehen, an dem uns nichts stört, von der großen Stille ergriffen und von der Natur eingehüllt, die es uns ermöglicht, uns in die größere Realität dessen zu entspannen, was wir sind. Nach mehr als zwei Jahrzehnten als spiritueller Lehrer habe ich jedoch festgestellt, dass Gnade häufiger durch große Herausforderungen entsteht: wenn wir in unserem Leben an eine Grenze kommen, wenn wir nicht wissen, wie wir mit einer Situation umgehen sollen oder wenn unsere gewöhnlichen Bewältigungsstrategien nicht mehr greifen.

Eine solche Herausforderung kann der Verlust eines geliebten Menschen oder eines Arbeitsplatzes sein. Es kann eine schwere Krankheit oder etwas anderes sein, das uns keine andere Wahl lässt, als auf ein Potenzial in uns zuzugreifen, auf das wir sonst nicht zugreifen können.

In allen großen religiösen Traditionen finden sich dafür Beispiele, wie etwa die Geschichte des Buddha. Er wollte herausfinden, ob es eine Antwort auf das existenzielle menschliche Dilemma der unvermeidlichen Tatsachen von Geburt, Leben, Tod und Leiden gab. Er war bereit, etwas zu sehen, das wir alle irgendwann erkennen: Das Leben birgt viel Leid. Zu seiner Zeit war es für ernsthaft spirituell Suchende üblich, der Welt Ade zu sagen. Deshalb verließ er sein Zuhause, seine Frau und seine Kinder sowie seine fürstliche Position und seinen Reichtum, um nach Antworten zu suchen. Nach sechs Jahren mühsamer spiritueller Praktiken und Disziplinen wie Fasten und Askese, nachdem er religiöse Lehren und viele Meditationsstile gemeistert hatte, wurde ihm klar, dass er die Antwort, die er suchte, nicht gefunden hatte.

Dies war der Wendepunkt des Buddha – eine Zeit großer Verzweiflung. Stell dir vor, du hast alles in deinem Leben aufgegeben, um auf eine Suche zu gehen, und du hast dich wirklich angestrengt, du hast mit den großen Lehrern deiner Zeit praktiziert und studiert. Doch nach Jahren des Suchens stellst du fest, dass du nicht gefunden hast, wonach du suchtest. Was für eine Enttäuschung! Darüber hinaus war Buddha dabei zu verhungern, weil die asketischen Praktiken seinen Körper zermürbt hatten. Er sah aus wie ein Skelett. Wir kennen das Bild des Buddha, der unter dem *Bodhi*-Baum sitzt, aber wir vergessen oft, dass das, was ihn unter den *Bodhi*-Baum brachte, der Schmerz war, an seine eigenen Grenzen zu kommen und einen inneren Ort zu erreichen, an dem es kein Vor und kein Zurück mehr gab. In diesem schwierigen Moment wusste er nicht, dass er sich einem gnadenvollen Moment näherte, der einen neuen Blick auf die Selbstverwirklichung eröffnen würde – auf die Verbindung mit dem Leben.

Der *Bodhi*-Baum ist ein mythisches Motiv. Er steht für den Baum des Lebens, ähnlich wie der Baum der Unsterblichkeit im Koran oder der Baum der Erkenntnis im Buch Genesis der Bibel. Adam und Eva pflückten die Früchte vom Baum. Buddha nahm nichts vom *Bodhi*-Baum, sondern setzte sich darunter. Er meditierte über die krasse Realität des Lebens. Er verschrieb sich dem Leben, aber nicht so, wie wir es uns normalerweise vorstellen, nicht indem er versuchte, alles aus dem Leben herauszuholen, was herauszuholen ist. Stattdessen setzte er sich an die Wurzel der Existenz und versuchte, eine Lösung für die unvermeidliche Tatsache der menschlichen Existenz zu finden. Und er wachte auf. Deshalb ist das Bild des Buddha unter dem *Bodhi*-Baum eine bewegende Lehre. Wenn wir an eine große Grenze kommen, wenn wir einen Platz in uns finden, an dem wir weder ein noch aus wissen, wenn wir uns in einer schmerzhaften Erfahrung befinden, der wir nicht mehr aus dem Weg gehen können, müssen wir uns genau dort hinsetzen – an die Wurzel dieser Erfahrung, an die Wurzel des Baumes des Lebens – und still werden. Es ist keine einfache Lehre, aber es ist eine großartige Lehre: mache dich inmitten deiner Schwierigkeiten für alles verfügbar, was in diesem Moment geschieht.

Still werden ist kein Akt der körperlichen Bewegungslosigkeit oder der Beruhigung des Geistes. Es geht darum, für alles verfügbar zu sein, was in jedem Moment geschieht. Wenn wir völlig offen sind – auch wenn es schwierig ist –, haben wir aufgehört, gegen das Leben zu kämpfen, wir haben aufgehört, uns gegen jede Situation zu stemmen, in der wir uns befinden, und es besteht die Möglichkeit einer befreienden Entdeckung. Dies kann ein Moment großer Gnade sein. Wir hören auf zu versuchen, vor dem, was ist, wegzulaufen und setzen uns mitten hinein – auch wenn es unbekannt ist – und erreichen einen Ort tieferen Verständnisses.

Um sich auf die Tiefe des Daseins einzulassen, braucht es ein tiefes Vertrauen. Dies ist nicht dasselbe wie der Glaube daran, dass eine Lehre oder ein Lehrer die Wahrheit verkörpert. Das wäre ein Glaube, der uns vorschreibt, wie wir das Leben interpretieren sollen und darin Trost und Sicherheit finden können. Ein solcher Glaube trennt uns von wahrer Hingabe, wahrer Zuversicht. Wahre Hingabe ist etwas anderes. Wahre Hingabe ermöglicht es uns, den Glauben fallen zu lassen, mit dem wir jeden Moment unserer Erfahrung in ein begriffliches Modell übersetzen. Dieses Modell scheint unser Verständnis von der Welt zu erleichtern und uns eine gewisse Kontrolle zu geben. Es lindert das Gefühl der Unsicherheit, das wir haben, wenn wir an unsere Grenzen kommen. Du kannst durch Herausforderungen bei der Arbeit oder in einer Beziehung an deine Grenzen geführt werden – oder durch die Krankheit oder den Tod eines geliebten Menschen oder sogar deinen eigenen bevorstehenden Tod – oder durch den Weltschmerz, von dem du überwältigt bist.

Bei vielen Dingen kannst du das Gefühl haben, am Abgrund zu stehen, und du weißt nicht, wie du damit umgehen sollst.

Dies geschah mit Jesus, wie in den Evangelien beschrieben. Er lebte ein engagiertes, dynamisches Leben. Er war kein Einsiedler, kein Buddha. Er trat in keinen Mönchsorden ein. Er war ein weltzugewandter Mensch, aber er hatte durchaus Zeiten, in denen er allein sein musste. Zu Beginn der Geschichte seiner Taufe im Jordan durch Johannes den Täufer heißt es im Text, dass sich der Himmel öffnete und der Geist Gottes wie eine Taube auf Jesus herabstieg. Das war der Moment eines großen spirituellen Einflusses – eines Erwachens. Das erste, was er danach tat, war in die Wüste zu gehen, weil er sich herausgefordert fühlte, in Einsamkeit mit sich allein zu sein. Er hätte genauso gut die Idee haben können, in die Wüste zu gehen, um sich in der Herrlichkeit des Geistes zu sonnen, der in ihn herabstieg und ihn ganz und gar durchdrang. Doch es geschah etwas anderes. Jesus wurde an seine Grenzen geführt. Er wurde herausgefordert. In der Geschichte vom Leben Jesu übernahm der Teufel diese Rolle.

Buddha und Jesus sahen sich herausgefordert. Sie mussten über sich hinauswachsen, um diesen Herausforderungen zu begegnen. Mit anderen Worten, sie fanden Gnade inmitten großer Umwälzungen. Jesus begegnete mehreren dieser Herausforderungen bis zum Ende seines Lebens. Als er einige Tage vor seiner Kreuzigung im Garten von Gethsemane war, wusste er, was passieren würde. Er brach in Tränen aus und bat Gott, „diesen Kelch an mir vorübergehen" zu lassen. Das ist eine poetische Art zu sagen: „Wie komme ich da raus?" Wenn wir herausgefordert oder überwältigt werden, ist es durchaus menschlich, zu hoffen, dass die Widrigkeiten verschwinden. Spirituelle Lehren zeigen uns, wie wir diesen Momenten begegnen und worauf wir zurückgreifen können. Eines der häufigsten Themen ist die Bereitschaft, dem Hindernis nicht aus dem Weg zu gehen. Obwohl Jesus Gott fragte, ob er irgendwie aus seiner Situation herauskommen könne, stellte er gleich nach dem Sprechen dieser Worte sein inneres Gleichgewicht wieder her und sagte: „Dein Wille geschehe." Es ist, als würde er auf sein tieferes Sein zurückgreifen und sein Schicksal – seine Grenzen – akzeptieren, obwohl es zutiefst furchterregend war. Die Kreuzigung ist eine der grausamsten Arten, wie ein Mensch sterben kann, und er wusste, dass es passieren würde.

In den Geschichten von Jesus und Buddha gibt es viele dramatische und überzeichnete Bilder – wohl damit uns die wesentliche Botschaft dabei nicht entgeht. Diese Lehrgeschichten vermitteln etwas Wichtiges darüber, wie wir in unseren Herausforderungen Gnade finden. Die schwierigsten Momente des Lebens öffnen uns für die Möglichkeit, die Gnade zu empfangen, die unsere Fähigkeit, selbst etwas zu bewirken, weit übersteigt. Wir haben die Wahl: Wir können dem Moment mit einem Ja begegnen oder wir können Nein sagen, können zögern, uns beklagen oder Angst haben, weil wir unsere Unsicherheit nicht überwinden können. Wenn wir zu diesen Erfahrungen Ja sagen, wenn wir nicht versuchen, sie zu vermeiden oder wegzuerklären, wird in dem Raum, in dem wir uns unserer Begrenzung öffnen, etwas Tieferes entstehen. Das ist Gnade.

Ich habe diese Gnade in meinem Vater erfahren. In den letzten fünf Jahren seines Lebens hatte er einen Herzinfarkt, einen Schlaganfall und dann einen fortgeschrittenen Krebs, der ihn innerhalb weniger Monate nach der Diagnose dahinraffte. Als er sich von dem Schlaganfall erholte, erzählte mir mein Vater, dass er eine Nahtoderfahrung gemacht hatte, die ihm die Angst vor dem Tod nahm. Das war eine große Gnade. Der Schlaganfall war jedoch eine Herausforderung. Er verlor für eine Weile viele Körperfunktionen. Einige davon kamen im Laufe der Zeit zurück, aber nicht alle. Ein Arm und eine Hand blieben dauerhaft gelähmt. Trotzdem sagte er: „Mein Schlaganfall hat mir das Leben gerettet." Dies war eine wunderbare Art mitzuteilen, was er erlebt hatte. Durch die Herausforderung dieses Schlaganfalls wurde er auf neue Weise lebendig. Er fand etwas, nach dem er immer gesucht hatte, eine echte Erfahrung von Liebe – keine äußere Liebe, sondern etwas tief im Inneren. In den letzten Jahren seines Lebens konnte niemand den Raum, in dem er sich befand, betreten, ohne von ihm gesagt zu bekommen, wie sehr er sie liebt. Er sagte das allen. Er durchlebte herausfordernde Momente, wenn er mit seiner Situation deprimiert war, mit einem Körper fertig werden musste, der nicht mehr so funktionierte wie früher, und mit einem Geist, der nicht mehr so scharf war wie zuvor. Trotzdem strahlte er Zufriedenheit aus und zeigte ohne Zögern den Menschen um ihn herum seine Wertschätzung.

Ein Schlaganfall ist eine Erfahrung, von der die meisten Menschen hoffen, dass sie sie niemals machen werden. Obwohl der Schlaganfall für meinen Vater eine große Herausforderung war, erlebte er ihn als eine

Gnade, denn er hat ihm in gewisser Weise das Leben gerettet. Er gab ihm eine viel tiefere Wertschätzung für alle und alles. In seinen letzten Monaten, als er Krebs hatte und im Sterben lag, war er bereit und willens loszulassen, und sein Loslassen, als es schließlich stattfand, war von außergewöhnlicher Schönheit. Ein Herzinfarkt, ein Schlaganfall und dann ein massiver Tumor – diese Erfahrungen waren eine große Gnade.

Wenn wir zu radikaler, wahrer Hingabe finden (und manchmal kommt die tiefste Hingabe aus tiefster Verzweiflung oder Misstrauen) und Herausforderungen annehmen – nicht versuchen zu fliehen, nicht Opfer zu spielen, nicht versuchen, Dinge mit komplizierten Theologien oder Psychologien zu erklären, sondern offen sind für den Teil des Lebens, der unvermeidlich ist – dann sind wir offen für Gnade. Das Leben lehrt uns, dass wir keine Kontrolle haben. Erleuchtung bedeutet, den Versuch aufzugeben, das Leben zu kontrollieren und unseren Vorteil zu suchen. Dann können wir uns für die Gnade und für eine neue Perspektive öffnen, aus der heraus wir das Leben so annehmen können, dass wir eines Tages auf unsere herausforderndsten Erfahrungen zurückblicken und sehen, dass sie unsere größten Geschenke waren. Diese Dinge, die wir zu vermeiden versuchten, führen zum Erwachen und zu neuen und umfassenderen Wegen, das Leben zu sehen und zu erleben – uns selbst zu erleben.

Möge dein Leben dich weiterhin für Momente der Offenbarung öffnen.

Lebenswichtige Momente

Verweile im Nicht-Wissen.

Es gibt Zeiten, in denen viel davon abhängt, welche Entscheidungen wir treffen und welche Richtung wir einschlagen. Ich nenne dies „lebenswichtige Momente“. Manchmal, wenn es um uns herum tobt, wissen wir, dass unsere Entscheidungen lebenswichtig sind. Zu anderen Zeiten sind diese Momente schwerer zu erkennen. Manchmal bemerken wir lebenswichtige Momente nur im Nachhinein, wie im Rückspiegel.

Wir können lebenswichtige Momente im Kontext unserer spirituellen Suche betrachten. In den Geschichten, die sich um große spirituelle Leitfiguren ranken, gibt es immer einen lebenswichtigen Moment. Der erste, der mir in den Sinn kommt, ist Buddha, der sein Leben und seine Familie hinter sich ließ und der Welt entsagte, um die Antworten auf seine Fragen nach der Natur des menschlichen Daseins zu suchen. Seine direkte, von tiefer innerer Erfahrung geprägte Sicht auf Leiden, Krankheit, Alter und Tod öffnete ihm die Augen für die Endlichkeit seines Lebens. Seine Antwort war allgemeingültig: Wenn wir erwachsen werden, stellen wir uns in einem bestimmten Alter unserer Sterblichkeit und akzeptieren, dass eine der wenigen Garantien, die das Leben bietet, der Tod ist. Zu diesem Zeitpunkt hatte der Buddha seinen lebenswichtigen Moment, seinen Wendepunkt, als er einige grundlegende Aspekte der menschlichen Erfahrung erkannte: dass sich alles wandelt und dass nichts für immer andauert. Lebenswichtige Momente gehören offensichtlich zum Leben, doch nur wenige Menschen erleben sie auf tiefgreifende Weise. Es scheint, als würden wir diese Wahrheiten zwar erkennen, sie aber dann ausblenden, wegschauen und lieber über etwas anderes nachdenken. Das hat Buddha nicht getan. Er tauchte ein in das große Geheimnis dieses unvermeidlichen Aspekts des Lebens, das Leiden. Das ganze Leben Buddhas drehte sich um seinen Umgang mit dieser Beobachtung.

Die göttliche Stimme ist bekanntlich immer ein Flüstern. Sie schreit nicht und versucht niemanden zu überzeugen. Sie kommt aus der Stille. Wir können das Flüstern der göttlichen Führung erst dann hören, wenn wir uns akzeptieren, wie wir sind. Lass dich auf sie ein und verweile mit ihr. Beachte, dass es manchmal extrem wichtig ist, zu wissen, was *nicht* funktioniert. Du musst das Nichtwissen nicht zugunsten des Wissens aufgeben. Du kannst die Ungewissheit aushalten.

In der Geschichte Buddhas war das erste, was er tat, als er diesen Punkt erreichte, den Pfad des *Sadhus* zu verlassen. Er befand sich an einem Fluss, abgemagert und halb verhungert. Eine Frau bot ihm etwas Milch und später etwas zu essen an. Er nahm ihr Angebot an, was für einen heiligen *Sadhu* zu jener Zeit unmöglich gewesen wäre. Indem er das Mitgefühl dieser Frau in Form von Nahrung entgegennahm, musste er sein gesamtes Weltbild darüber aufgeben, was ein spirituell Suchender zu tun und zu lassen hat. Er musste seine eigenen Regeln brechen, hatte aber keinen Plan. Er wusste, dass er nicht gefunden hatte, wonach er suchte. Das Brechen der Regeln des entsagenden Lebens veränderte die Richtung seiner gesamten spirituellen Suche, ob er sich dessen bewusst war oder nicht. Dies war ein lebenswichtiger Moment.

Nicht nur zu erkennen, was nicht funktionierte, sondern auch die Hilfe der Frau anzunehmen, darin bestand der lebenswichtige Moment. Es war eine Entscheidung, die sein spirituelles Leben veränderte. Ich kann mir vorstellen, dass er die Tragweite seiner Entscheidung zu diesem Zeitpunkt nicht verstand. Vielmehr folgte er seiner inneren, authentischen Stimme auf tiefgreifende Weise. Diese führte ihn dazu, dass er unter dem *Bodhi*-Baum saß und erklärte, dass er sich nicht bewegen würde, bis er die Erleuchtung erreicht hat. Den Rest der Geschichte kennst du.

Transformation geschieht in der Regel, wenn wir innehalten oder gestoppt werden – durch eine Wendung des Schicksals oder ein plötzlich auftretendes Hindernis – und erkennen, dass die Art und Weise, wie wir im Leben vorgehen, neu definiert werden muss. Manchmal müssen wir unsere gesamte Identität neu definieren. Da passiert nicht nur geistig fortgeschrittenen Wesen – es gehört zur menschlichen Erfahrung. Diese

Momente treten regelmäßig auf, und wenn wir erkennen, wie wichtig sie sind, können wir sie gleichzeitig als große Herausforderungen und als große Chancen sehen.

Wie wir reagieren, ist das Wichtige dabei. Suchen wir nach einer schnellen Lösung, nach einer schnellen Antwort, nach jemandem, der uns vor unserer Unsicherheit bewahrt? Oder schaffen wir es, in diesen Momenten innezuhalten und uns selbst zu begegnen, wie es Buddha getan hat? Wir können uns dem zuwenden, was geschieht, der menschlichen Erfahrung mit ihren ungelösten Fragen. Alles, was uns davon abhält, uns vollständig auf diesen Moment einzulassen, sind Zweifel, Angst, Zögerlichkeit und Unentschlossenheit.

Wir wissen nie, wann diese Momente kommen. Einige sind groß und andere ganz klein. Wir sollten nicht davon ausgehen, dass die kleinen Momente nicht so wichtig sind wie die großen. Wenn wir auf die kleinen Momente eingehen, bauen wir die Fähigkeit auf, uns auch den großen Momenten einer Krise zu stellen. Deshalb haben die meisten spirituellen Traditionen verschiedene Wege, die Achtsamkeit auf unser gewöhnliches Leben zu richten, auch dann, wenn scheinbar nichts Bedeutendes geschieht. Dahinter steht die Erkenntnis, dass potenziell jeder Moment in unserem Leben ein lebenswichtiger ist und dass wir ständig – bewusst oder unbewusst – Entscheidungen von großer Tragweite treffen.

Empfindest du dein Leben als ein Geheimnis, das sich vor deinen Augen entfaltet? Ist dein Leben eine große Entdeckungsreise? Eine Begegnung mit deiner immensen Fähigkeit zu Weisheit, Liebe und zum Einlassen mit Intimität und Vitalität? Wir haben außergewöhnliche Fähigkeiten als Menschen, wenn wir beginnen, die Wichtigkeit bestimmter Momente zu erkennen und sie bewusst zu erleben. Diese wichtigen Momente passieren in unserem Leben mit großer Regelmäßigkeit und sind Gelegenheiten zum Erwachen und zur Transformation. Wir müssen uns wiederholt der Unsicherheit dieser Momente stellen. Dadurch lernen wir ihnen und uns selbst zu vertrauen. In diesen Momenten brauchen wir nichts weiter als den nächsten Schritt vor Augen zu haben und die Bereitschaft ihn zu gehen. Paradoxerweise können wir den nächsten Schritt nur dann sehen, wenn wir es aushalten, ihn nicht sehen zu können, und erkennen, dass dies ein integraler Bestandteil des Transformationsprozesses ist.

Die tiefe Weisheit der Ungewissheit

Bewegen oder fallen.

Manchmal entstehen lebenswichtige Momente aus der Erfahrung von Angst. Wie wir alle wissen, gibt es viele Arten von Angst. Einige Aspekte des Erlebens von Angst und Unsicherheit können sehr aufschlussreich sein.

Ich bin früher gern und viel geklettert. Einmal befand ich mich mit meinem Kletterpartner in einer über zweihundert Meter hohen Felswand in den Bergen der Sierra Nevada in Kalifornien, dem *Lover's Leap*. Ich führte an, was gefährlicher ist als zu folgen. Der „Vorsteiger" ist am Seil befestigt, keilt Verankerungen in Felsspalten und klinkt das Seil ein. Wenn der Vorsteiger fällt, hängt alles von diesem Seil ab, samt dem Kletterpartner. Dies ist gefährlich, da die eingeklemmten Anker sich lösen können, wenn sie nicht gut verankert oder an der falschen Stelle platziert sind. In diesem Fall fällst du immer weiter, bis du an einen Anker gelangst, der fest genug sitzt. Wenn du sehr hoch über der letzten Verankerung kletterst, hast du jedoch ein Problem. Wenn du fällst, dann fällst du über die gesamte Länge deines Schlaffseils plus der Distanz zur Verankerung. An diesem Punkt strafft sich das Schlaffseil und hält dich, vorausgesetzt, der Anker hält. Wenn wir solche außerordentlich risikoreichen Aktivitäten durchführen, begeben wir uns in eine Lage, in der Entscheidungen nicht mehr theoretisch sind. Wir könnten schwer verletzt werden oder sogar sterben. So ist es auch mit dem Leben – wir können uns in Situationen wiederfinden, die wir nie für möglich gehalten hätten.

Als ich die Besteigung des *Lover's Leap* anführte, geriet ich in ein ziemliches Dilemma. Ich befand mich in einem Felsspalt, der zu breit war, um die Hände einzuklemmen und mich hochzuziehen, aber nicht breit genug, um die Beine oder den Oberkörper einzuklemmen und weiter zu klettern. In der Klettersprache nennt man das einen *off-width crack.* Ich hatte keine Idee, wie ich darüber hinauskommen sollte. Ich stand dort in dieser senkrechten Felswand und hatte meine Faust in den Spalt geklemmt, um nicht zu stürzen, und überlegte, was als nächstes zu tun ist. Im Laufe der Minuten wurden meine Arme und Finger müde, und ich versuchte verzweifelt, die Stelle hinter mir zu lassen. Mein Schutzpunkt war ungefähr sechs Meter unter mir, also sah ich bestenfalls einem Sturz von zwölf Metern entgegen. Das ist eine beängstigende Fallhöhe, und du kannst dich schwer verletzen, wenn du zurückschwingst und gegen die Felswand schlägst.

Ich hing gut fünfzehn Minuten dort oben und versuchte, an dem Spalt vorbei zu kommen. Irgendwann wurde mir klar, dass ich besser versuchen sollte, eine Verankerung direkt im Spalt zu befestigen, was ich bereits am Anfang hätte tun sollen. Ich steckte eine Klemmsicherung in den Spalt und versuchte, das Seil heranzuziehen und es in die Sicherung einzuklinken. Ich war jedoch mittlerweile so schwach, dass ich das Seil nicht mehr zwischen meinen Beinen hochziehen konnte. Die Seile können schwer sein, besonders wenn sie durch mehrere Verankerungen laufen, wodurch sie noch schwerer zu ziehen sind.

Als ich merkte, dass ich das Seil nicht hochziehen und einklinken konnte, wusste ich, dass ich in echten Schwierigkeiten war. Meine Beine zitterten, meine Atmung wurde mühsam, und ich erkannte, dass ich höchstens noch fünfzehn Sekunden Zeit hatte, bevor ich vor lauter Müdigkeit zusammenbrach. Ich dachte: *Ich muss mich bewegen, und ich muss mich jetzt bewegen. Ich werde so oder so fallen, ob ich mich bewege oder nicht, also muss ich es versuchen.*

Ich tat es und es war unglaublich! Innerhalb von Sekunden hatte ich die schwierige Position überwunden. Ich kam zu einem sicheren kleinen Felsvorsprung, wo ich mich hinsetzte und festzurrte, um mich zu erholen. Ich lag ungefähr fünf Minuten auf dem Rücken, das Adrenalin wich allmählich aus meinem Körper, und mein Puls normalisierte sich wieder. Ich dachte: *Um Himmelswillen. Das mache ich nie wieder.* Dann zog ich meinen Partner auf den Standplatz, und die zweite Hälfte unseres Aufstiegs war herrlich. Es war ein wunderschöner Tag.

Ein paar Dinge haben mich dabei fasziniert. Das erste war, was für ein extremes Beispiel dieses Erlebnis dafür war, wie wir in eine Situation geraten, in der wir nicht wissen, wohin wir uns wenden sollen. Wir alle befinden uns in Situationen, in denen wir sagen: „Ich komme nicht mehr weiter. Ich weiß nicht, was ich tun soll." Dann steigt die Angst auf und es ist leicht, zu erstarren. Jeder würde zustimmen, dass Angst, zumindest in ihrer unkontrollierten Form, überwältigend ist. Es scheint uns für unsere Entscheidungen blind zu machen.

Als ich in dieser Felswand hing, wurde ich in eine missliche Lage gezwungen, in der ich zwei Möglichkeiten hatte: mich bewegen oder fallen. Angesichts dieser Optionen hat sich etwas in mir verändert. Es war nicht mein Denken, das sich veränderte. Ich saß nicht da und überlegte, wie ich am besten über die Spalte hinauskommen konnte. Meine Beine zitterten und ich wurde schwach. Ich hatte keine Zeit mehr. Ich griff auf etwas Tieferes in mir zu. Doch erst dann, als es unbedingt notwendig war, weil ich keine andere Wahl mehr hatte. Die einzige Möglichkeit, die noch übrigblieb, war loszulassen und mich zu bewegen. Sobald ich losließ, gab es kein Zögern mehr.

Manchmal befinden wir uns in Situationen, in denen der Moment vorschreibt, dass wir handeln. Viele Menschen haben mir im Laufe der Jahre über schlimme Notfälle berichtet, die sie erlebt haben – jemandes Leben stand auf dem Spiel, jemand wurde verletzt, etwas passierte, das sie zwang, entschlossen und unverzüglich zu handeln. Die Konsequenzen waren drastisch, und es gab keine Zeit, nachzudenken. Sie sagten, sie hätten das Gefühl gehabt, das Handeln sei durch sie geschehen, nachdem sie die lähmende Wirkung der Angst überwunden hatten. Die meisten von uns haben in ihrem Leben solche Momente erlebt, und wenn wir zurückblicken, erkennen wir die enormen Konsequenzen, die auf dem Spiel standen. Tief in uns Menschen ist eine Instanz vorhanden, die erstaunlich gut handeln und reagieren kann, wenn wir die Angst fallen lassen. In den Momenten, in denen wir handeln müssen, transzendieren wir das Ego-Selbst.

Buddha nannte den Sprung von der Angst zum Vertrauen „rechtes Handeln". Rechtes Handeln ist spontan, nicht überlegt. Es kommt nicht aus dem Ego, sondern von einem anderen Ort – einer Dimension der Weisheit, der Liebe und des Mitgefühls, die für unser Sein von wesentlicher Bedeutung ist. Wir mögen uns dieser Dimension bewusst sein oder nicht, sie ist trotzdem immer da. Jener Moment auf der Felswand lehrte mich, dass etwas passieren kann, das über die Fähigkeit unseres Ich-Geistes hinausgeht, zu verstehen oder Dinge einzuschätzen. Es gibt dort eine Quelle, und wenn wir genug vertrauen können, wird sie zugänglich. Am *Lover's Leap* habe ich aus echter Angst um mein Leben in einer extremen Situation auf sie zugegriffen.

Das zeigte mir, dass in dem Moment, als mir die Zeit ausgegangen war und ich etwas tun musste, eine andere Instanz für mich einsprang. Etwas übernahm die Situation und handelte für mich.

Im Zen-Buddhismus gibt es die Tradition des *Kōan*. Dabei stellt der Lehrer dem Schüler eine paradoxe Frage, auf die es keine direkte Antwort gibt. Die Herausforderung besteht darin, eine Antwort zu finden, die deine eigene ist.

Kōans sind eine Übung, um uns in einen psychologischen Zustand zu versetzen, wie ich ihn damals in dieser Felswand hatte. Sie sollen dich nicht unbedingt zu Tode erschrecken, aber in eine Position bringen, in der keine deiner konditionierten Antworten mehr funktioniert. Du kannst ohne Ende analysieren. Du kannst ein wahrer Einstein sein. Du kannst der klügste Mensch der Welt sein, aber du kannst dir keine Lösung vorstellen. Die einzige Möglichkeit, ein *Kōan* aufzulösen, besteht darin, einen Sprung über den begrifflichen, konditionierten Geisteszustand hinaus in etwas Anderes zu wagen.

Als ich im *Lover's Leap* hing, wurde mir ein *Kōan* präsentiert mit dem Titel „Rette dein Leben". Mir waren alle Handlungsmöglichkeiten ausgegangen, aber ich musste in diesem Moment etwas tun. Durch diese Erfahrung lernte ich, dass Vertrauen im Leben wesentlich ist. Wir können auf etwas vertrauen, das jenseits unserer gegenwärtigen Erfahrung, jenseits unseres gegenwärtigen Wissens und jenseits unseres Verstandes liegt. Dieser Quell großer Weisheit und Liebe, dieses Vertrauen, ist in unserem Sein verwurzelt. Es fühlt sich an wie eine Gnade – es fühlt sich an wie etwas Außergewöhnliches.

Niemand kann uns das lehren. Wenn also jemand mit uns darüber spricht, scheint es abstrakt zu sein. „Ich verstehe, was du sagst, aber ich verstehe nicht ganz, wie es gehen soll. Kannst du mir sagen, wie ich das anstellen soll?" Wenn ich einen Drei-Punkte-Plan erstellen würde, wie ich in verwirrenden Momenten über meinen Schatten springen kann, würde er ungefähr so aussehen:

1. *Halte inne* und fühle, wo du bist. Höre auf dich zu bemühen, der Situation zu entkommen. Suche nicht weiter nach Sicherheit und greife nicht mehr ängstlich nach der Antwort oder der Lösung.

2. *Fühle* die Gegenwart dieses Augenblicks und begib dich in den ruhigeren Teil deines Seins, in dem du bereit bist, keine Antworten und keine Lösungen zu suchen und völlig ergebnisoffen zu verweilen.

3. *Öffne dich* für eine neue Vision, für etwas, das nicht die alte Art wiederholt, wie du Dinge getan hast, die nie funktioniert haben. Sei offen und höre zu. Mit den Worten der Bibel könnten wir sagen: „Höre auf das Flüstern Gottes."

Wir haben uns so sehr von diesem Prozess entfremdet, abgeschnitten und in den abstrakten Bereich des Verstandes begeben, dass wir den Kontakt zu unseren unglaublichen Fähigkeiten als Menschen verloren haben, sie zu spüren und zu fühlen. Wie kommt es, dass wir aufhören zu spüren und zu fühlen? Der erste Atemzug, der deine Lungen an einem kalten Morgen füllt, dich erfrischt und lebendig macht, das Frühstück, das du isst, der Kaffee, den du trinkst, das Gefühl der Straße unter den Reifen des Autos, wenn du zur Arbeit fährst – inwieweit beachtest du diese Dinge? Oder bist du völlig in den Geschichten versunken, die dir lautstark im Kopf dröhnen?

Wenn wir mit dem Zuhören warten, bis wir uns in einer Krise befinden, wird es schwierig. Wach zu sein und innerlich auf das zu hören, was im Verborgenen liegt, und die Präsenz von Ruhe, Unsicherheit und Unabgeschlossenheit aufrechtzuerhalten, hilft uns, in Situationen zu verweilen, deren Konsequenzen im Unklaren bleiben. Das ist eine Art von Praxis. Je mehr wir sie ausüben, desto sensibler werden wir. Der Körper, der Geist und die Sinne werden immer schärfer und intensiver, je mehr wir uns auf sie verlassen, je mehr Zeit und Aufmerksamkeit wir ihnen schenken und je mehr wir sie zum Einsatz bringen. Beginne mit den kleinen Dingen. Spüre deinen Weg durch unwichtige Dinge. Übe mit Momenten, die nicht so wichtig zu sein scheinen. Mach dir ein Bild davon, wie es ist, ein Gefühl der Unsicherheit aufrechtzuerhalten, nicht konditioniert nach der schnellen Antwort zu greifen, sondern auf eine leisere Stimme und ein Flüstern im Inneren zu hören. Unsere tiefe Einsicht, Weisheit und Liebe existieren in den stillen Regionen. Du wirst staunen, was sich dir öffnet: ein subtilerer und verfeinerter Bewusstseinszustand, den wir alle besitzen – das reine Gewahrsein.

Das Leben ist eine Abfolge ungewisser Momente

Angst bedeutet nicht immer gleich Gefahr.

Angst ist ein universeller Teil der menschlichen Erfahrung. Ich glaube nicht, dass jemand ein Leben ohne Momente der Angst übersteht. Eines der Dinge, die mich im Laufe der Jahre beeindruckt haben, ist, wie wir mit Angst umgehen. Es gibt viele verschiedene Arten von Angst, ausgelöst durch unterschiedliche Ursachen: Gefahr für Leib und Leben, biologische Abwehrmechanismen, in der Vergangenheit erlebte Traumata und mehr. Mein Hauptinteresse liegt jedoch in der Erforschung der Angst vor dem Unbekannten, die besonders auf spirituell Suchende lauert.

Wir alle kennen die Angst vor dem Unbekannten, wenn wir als Jugendliche jemanden zu einem Date eingeladen haben, uns um eine Stelle beworben oder in neue Situationen vorgewagt haben. Spirituell Suchende verbringen viel Zeit im Unbekannten: Wenn wir meditieren und still werden, wenn wir beten und unser Gebet uns in tiefe Stille oder in einen exaltierten Zustand führt. Dies sind Zeiten, in denen wir nicht wissen, was uns erwartet – wir befinden uns auf unbekanntem psychologischem Territorium. Angst entsteht oft, wenn Menschen dieses Territorium erreichen. Deshalb werde ich als spiritueller Lehrer oft gefragt: „Wie werde ich die Angst los? Wie gehe ich mit ihr um? Was stelle ich mit ihr an?" Unter diesen Fragen verbirgt sich eine Grundannahme, die Überzeugung, dass wir, wenn wir Angst fühlen, diese so schnell wie möglich loswerden müssten.

Die meisten unserer Ängste sind nicht existenzieller Natur, da unser Leben meistens nicht in Gefahr ist. Wenn wir etwas Neues erleben, stellen wir uns einen neuen Bewusstseinszustand und einen neuen Seinszustand vor, und so sehr wir uns auch nach etwas Neuem sehnen mögen, wir haben gleichzeitig Angst, weil wir nicht wissen, was auf uns zukommt. Vom Verstand her mögen wir eine Philosophie oder Theologie oder einen Glauben daran haben, was spirituelles Erwachen ist oder was es offenbaren kann. Erst wenn wir dieses Erwachen erleben, wenn wir diese Offenbarung erlebt haben, wissen wir, was es ist. Bis es so weit ist, wissen wir nicht, was uns erwartet. Dieser Zusammenhang zwischen Angst und Unbekanntem ist ebenso weit verbreitet wie tiefgreifend.

Wenn wir glücklich sind, denken wir nicht: *Wie werde ich dieses Glück so schnell wie möglich los?* Wenn wir Frieden fühlen, fragen wir nicht: *Wie kann ich diesen Frieden so schnell wie möglich loswerden?* Aber wenn wir Angst haben, fragen wir uns: *Wie kann ich diese Angst so schnell wie möglich loswerden?* oder: *Wie kann ich diese Angst vermeiden?* Dies sind konditionierte Reaktionen. Ich sage meinen Schülern gerne: „Wenn du dich um eine tiefe Form der Spiritualität, um eine tiefere Praxis bemühst, solltest du möglichst viele unbekannte psychologische und spirituelle Räume aufsuchen. Diese Räume sind es, auf die sich die meisten spirituellen Disziplinen konzentrieren."

Häufig erleben Menschen eine Art von Angst, kurz bevor sie bedeutungsvolle spirituelle Veränderungen erleben. Es ist, als gäbe es dort einen Wächter am „torlosen Tor" (wie wir im Zen sagen) zum Nirwana, zur Erleuchtung und zum Erwachen. Obwohl es keine Barriere gibt – nichts hält uns zurück, nichts bedroht uns –, bekommen wir Angst, weil die Landschaft des Erwachens völlig anders ist als unsere gewöhnliche Art, das Leben zu sehen und zu erleben. Die Einsicht, die sich auftut, ist gleichzeitig aufregend und erschreckend. Der Verstand fragt: *Was passiert jetzt?* Wir denken darüber nach und stellen fest, dass wir keine Ahnung haben. Und dann wird es beängstigend.

Tiefes Bewusstsein ist das Wesen spirituellen Lebens. Wir beginnen das überwältigende Ausmaß des Unbekannten in unserem Leben zu erfassen. Wir müssen lernen, dass Angst nicht immer gleich Gefahr bedeutet. Der Mensch ist darauf konditioniert zu glauben, dass das, was er weiß, ihn beschützt, und das, was er nicht weiß, eine potenzielle Bedrohung darstellt und deshalb Angst macht. Es ist unserer geistigen Gesundheit förderlich, diesen Glauben zu hinterfragen und unser Verhältnis zur Angst unter die Lupe zu nehmen. Denn das, was wir zu wissen meinen, ist gewöhnlich beängstigender als das, was wir nicht wissen. Nehmen wir zum Beispiel den Tod: Wenn Menschen an den Tod denken, haben sie Angst. In Wirklichkeit haben sie jedoch keine Angst vor dem Tod, sondern nur vor dem, was sie sich als Tod vorstellen. Sie können sich den Tod als Vernichtung oder als alles Mögliche vorstellen. Es gibt viele verschiedene Geschichten darüber, was nach unserem Tod passiert. Der Tod ist das große Unbekannte. Auch hier sind es wieder einmal die psychologischen Landschaften, in denen wir nicht wissen, was passieren wird, die uns Angst machen.

Wir fügen uns und anderen mit den Dingen, die wir zu wissen glauben – mit unserer „Gewissheit" – viel mehr Schaden zu, als wir jemals mit unserer Ungewissheit oder mit dem Nicht-Wissen anrichten könnten. Wenn wir so tun, als wüssten wir Dinge, die wir nicht wissen, können wir viel Schaden anrichten. Das Leben besteht aus einer Abfolge von Unbekanntem, und wir weigern uns, diese unbekannten Aspekte des Lebens anzunehmen. Wir haben keine Ahnung, was in der nächsten Sekunde passieren wird. Seit dem Augenblick unserer Geburt wissen wir nicht, was von einer Minute zur nächsten passieren wird. Dies kann uns Angst machen, weil es uns problematisch vorkommt. Was aber von dem, was wir tun, bringt uns in die größte Gefahr?

Nicht die Dinge, die wir nicht wissen, sind gefährlich, sondern die, die wir uns einbilden. Die meisten Kriege sind das Ergebnis dessen, was sich eine Gruppe von Menschen als die Wahrheit eingebildet hat. Selbst wenn du einen Streit mit einem Freund oder Ehepartner hast, basiert der Streit normalerweise auf der Annahme zweier Personen, was richtig oder falsch ist. Wir richten den größten Schaden an, wenn wir an einer Idee, einem Glauben oder einer Meinung hängen, die überhaupt nicht auf wahrem Wissen beruht.

In gewisser Weise sehen wir alles rückwärts und verkehrt herum. Das Unbekannte mit offenen Armen zu empfangen ist nicht ungefährlich. Doch immer vor dem Unbekannten davonzulaufen, ist das Patentrezept dafür, sich ständig Angst zu machen. Daher ist die beste Möglichkeit, mit Angst umzugehen, sich ihr zu stellen. Diese Idee ist nichts Neues – wenn du der Angst davonläufst, bekommst du immer mehr Angst vor dem, wovor du fliehst. Denn das, wovor auch immer du fliehst, gewinnt an Bedeutung, je mehr du davonläufst. Wenn es dir gelingt, inmitten der Angst oder des unbekannten Terrains in deinem Leben oder in dir selbst innezuhalten und in Ruhe zu verweilen, dann hat die Angst keine Grundlage mehr. Um sich zu verbreiten und weiter zu existieren, ist die Angst darauf angewiesen, dass du dich ihr widersetzt, ihr davonläufst und ständig versuchst, mit ihr zu argumentieren. Wenn du innehältst und dich der Angst stellst – wenn du sie spürst – dann hat Angst nichts, womit sie dich bewegen kann.

Wenn du aufhörst, dich mit deiner Angst zu identifizieren und sie fühlst, dann merkst du, dass nicht alle Ängste gleich sind. Du siehst, dass Angst vor dem Unbekannten nur existieren kann, wenn du vor dem Unbekannten davonläufst. Aussagen wie „wir haben keine Ahnung, was in der nächsten Sekunde passieren wird", oder „seit unserer Geburt wissen wir nicht, was von einer Minute zur nächsten passieren wird" machen den Menschen Angst. Warum ist das so? Diese Aussagen enthalten doch nichts Erschreckendes. Es sind einfache Tatsachen. Warum beunruhigen sie uns dann so sehr? Hauptsächlich, weil wir nicht innehalten und verweilen, weil wir die Situation so nicht annehmen, wie sie ist, und stattdessen in die Phantasie flüchten. In der Phantasie gedeiht die Angst. Du stellst dir vor, was alles passieren könnte und malst dir in allen Farben aus, wie schlimm es wird. Das erzeugt nicht nur die Angstreaktion, sondern hält sie auch über lange Zeit aktiv.

Was ich beschreibe, ist die Erwachsenenversion der gruseligen Monster der Kindheit. Wenn ein Kind einen Gruselfilm gesehen hat, fragt es sich möglicherweise, ob sich ein Monster in seinem Zimmer befindet. Am besten tröstest du es, indem du es an der Hand nimmst und gemeinsam mit ihm einen Blick unter das Bett wirfst. Kein Monster da. Dann sagt das Kind: „Nun, vielleicht ist es im Schrank." Also geht ihr beide Hand in Hand, schaut in den Schrank und seht, dass es kein Monster gibt. Ohne dem Kind explizit zu sagen „Es gibt kein Monster", zeigst du ihm, dass das Monster nur in seinem Kopf existiert. Wir werden mit den Monstern in unseren Gedanken fertig, indem wir ihnen begegnen. Das bedeutet, wir müssen zulassen, dass wir diesen Moment der Begegnung aushalten.

Der Schlüssel ist nicht, alle vorgestellten Szenarien zu durchdenken. Der Schlüssel ist, der Angst selbst zu begegnen. Wenn wir der Angst begegnen, hört sie auf, so beängstigend zu wirken, und allmählich erkennen unser Geist und unser Körper, dass Angst nicht gefährlich ist. Es ist nicht beängstigend, dass du nicht weißt, was morgen passieren wird, und es ist nicht beängstigend, dass du nicht weißt, wie etwas gehen wird, denn so ist das Leben. Das Ganze ist erst dann erschreckend, wenn du dir vorstellst, was alles passieren *könnte*. Die Projektion ist das Monster.

Eine ähnliche Projektion haben wir über den Tod, der nur dann zum Problem wird, wenn wir uns vorstellen, was alles passieren könnte, wenn wir sterben. Selbst die Angst vor dem Tod ist eine imaginäre Angst, weil wir unsere Gedanken in die Zukunft projizieren. Wenn du dich jedoch an die Tatsache hältst, dass „ich nicht weiß, was passieren wird, wenn ich sterbe", und wenn du dieses Nicht-Wissen aushältst, wirkt dies wie eine enorme Befreiung, weil du dir keine Lüge mehr erzählst. Du projizierst nicht länger ein Szenario auf den Tod, das dir Angst macht, sondern bleibst stattdessen beim Unbekannten.

Das ist es, was ich versuche zu tun, wenn mir Schüler Fragen zur Angst stellen. Zuerst weise ich darauf hin, wie sie sich erschrecken mit dem, was sie auf das Unbekannte projizieren. Dann zeige ich ihnen, wie sie aufhören können, imaginäre Szenarien zu entwerfen, die passieren können oder auch nicht. Stattdessen können sie sich der Angst ohne Projektionen, ohne Geschichten und ohne fiktive Vorstellungen, was alles Schlimmes passieren könnte, stellen.

Die spirituelle Praxis zeigt dir, dass deine wahre Natur im wahrsten Sinne des Wortes das Unbekannte ist. Wenn wir das erkennen, ist das Unbekannte weniger beängstigend. Die Angst liegt in der Trennung, wenn wir uns getrennt sehen, als etwas grundlegend anderes als das Leben selbst und etwas anderes als das Unbekannte. Wenn wir erkennen, dass wir uns von unserer eigenen tiefsten Natur entfernen, indem wir vor unseren Ängsten weglaufen, dann ist das im Grunde ein großer Segen.

Wenn wir in den unbekannten Teilen des Lebens verharren und der Angst standhalten, erkennen wir, dass die Angst uns nichts tut und keine Bedrohung darstellt. Sie ist der Vorbote von etwas Neuem – etwas Unbekanntem, das uns bevorsteht und wahrgenommen werden will. Daran ist nichts Ungewöhnliches, denn das Unbekannte ist eine Konstante. Es ist ein integraler Bestandteil des Lebens und der Existenz, und damit ist es auch ein integraler Bestandteil von dir und von dem, was du bist. Erst wenn wir innehalten und die Angst als das sehen können, was sie ist, werden wir nicht mehr von ihr dominiert. Wenn wir innehalten und uns der Angst stellen, wenn wir mit der rohen Erfahrung völlig still werden, sehen wir, dass sie uns nicht schaden kann. Wenn wir Angst annehmen können, sind das Leben und unsere innere Landschaft nicht mehr beängstigend, weil wir uns nicht mehr widersetzen oder wegrennen.

Die große Lektion, die uns die Angst lehren kann – die Weisheit, mitten im Geschehen innezuhalten, – ist, dass Angst nicht immer Gefahr bedeutet. Wie ich bereits erwähnte, kann Angst ein Zeichen für etwas Neues oder Unbekanntes sein. Manchmal deutet sie auf den Beginn eines völlig neuen Bewusstseinszustands hin. Angst bedeutet in diesen Situationen nicht unbedingt, dass etwas nicht stimmt. Es ist ein Zeichen dafür, dass die Dinge gut laufen und wir das Unbekannte direkt erleben. Wenn wir spirituell Suchende sind, ist es genau das, was wir wollen. Im Unbekannten finden wir unser Erwachenspotenzial und unsere wahre Natur – wir *sind* das Unbekannte.

Triffst du den Buddha unterwegs…

Es gibt keine geheime Essenz, die immun ist gegen die Welt des Wandels.

Es gibt immer wieder Momente in unserem Leben, in denen etwas passiert oder wir uns mit jemandem auseinandersetzen und merken: Das ist jetzt etwas Ungewöhnliches, etwas, das sich völlig außerhalb der normalen Strukturen unseres Lebens ereignet. Zu dem Zeitpunkt wissen wir vielleicht nicht, wie bedeutend dieser Moment ist, aber wir sehen es später und merken, dass er ein Hinweis auf das Wichtigste war.

In meinen Zwanzigern verbrachte ich die meiste Zeit im Sommer mit Wandern und Zelten in der Sierra Nevada. Diese Berge sind ein Ort großer Inspiration, großer Ruhe und großer Stille. Ich füllte meinen Rucksack mit so viel Essen, wie ich tragen konnte – normalerweise zwischen zehn Tagen und zwei Wochen – und zog hinaus. Wenn ich nichts mehr zu essen hatte, ging ich zurück in die Zivilisation. Dort füllte ich meine Vorräte wieder auf und ging zurück in die Natur.

Ich liebe am Rucksackwandern besonders die Unabhängigkeit. Du passt selbst auf dich auf und trägst alles, was du brauchst, auf dem Rücken. Es gibt kein Bett, keine Heizung, keine Klimaanlage, keinen Kühlschrank und kein Lebensmittelgeschäft. Du begegnest direkt dem Leben wie es ist, anstatt abgepuffert durch Komfort – geschützt vor der natürlichen Art der Dinge. Du musst umsichtig sein, wenn du auf diese Weise unterwegs bist. Jederzeit kann ein Unwetter losbrechen. Manchmal wurde ich von heftigen Gewittern überrascht. Über der Baumgrenze kann es passieren, dass der Boden eine elektrische Ladung aufnimmt, die als blauer Dunst über den Boden zieht. Du kannst dir vorstellen, dass das nicht ungefährlich ist. Dies alles gehörte für mich dazu: Ich musste mich den Elementen stellen, der Natur auf Augenhöhe begegnen und mich ihr anpassen, anstatt sie an mich anzupassen.

Auf einer dieser Reisen wanderte ich auf dem John Muir Trail, der vom Yosemite National Park zum Mount Whitney führt. Der Fernwanderweg führt über fünfhundert Kilometer lang fernab jeglicher Straßen. Auf meiner Wanderung kam ich auf einem Seitenweg zu einem wunderschönen Bergsee namens Florence Lake. Am anderen Ende des Sees konnte ich wieder versorgt werden, da es dort einen mit dem Auto erreichbaren Campingplatz, ein Café und einen winzigen Laden gab. Bevor ich mein Zuhause verließ, hatte ich ein großes Paket mit Lebensmitteln an den Campingplatz geschickt, um es dort abzuholen. Dann ging ich zurück auf die andere Seite des Sees und wanderte ins Hochgebirge.

Unterwegs traf ich am Wegesrand einen älteren Mann mit Vollbart. Er hatte dort sein Zelt aufgebaut. Sein Campingkocher wartete darauf, angezündet zu werden. Es war ein schöner, frischer Sommervormittag in den Bergen, und er saß dort auf seinem kleinen Campingplatz. Ich blieb stehen, um mit ihm zu plaudern. Ich fragte ihn, wie lange er dort oben gewesen sei und woran er sich erfreue, und er sagte: „Ich dachte, ich würde ein letztes Mal hier hochkommen, um Gottes gutes Werk zu sehen, bevor ich sterbe."

Ich fragte: „Wie alt bist du?"

„Fünfundachtzig."

Ich war beeindruckt. Im Alter von fünfundachtzig Jahren hatte er seinen Rucksack gepackt und war ins Hochgebirge gewandert. Er hatte ein gewisses Augenzwinkern, etwas Schelmisches, das mich neugierig machte. Ich zog einen Ast heran, setzte mich neben ihn, und wir plauderten eine Weile. Als er die Mala sah, die ich am Handgelenk trug, sagte er: „Was ist das?" Ich antwortete: „Es ist eine buddhistische Mala, eine Art Rosenkranz."

Bevor ich mehr sagen konnte, sagte er: „Ojeh. Buddha war ein Esel", was mich komplett verdutzte, denn zu dieser Zeit, Mitte zwanzig, war mir der Zen-Buddhismus heilig. Ich war ein praktizierender Buddhist und trug meine kleine Mala die ganze Zeit bei mir. Ausgerechnet dann traf ich diesen entzückenden alten Mann in den Bergen und er sagte mir ohne Umschweife, dass Buddha ein Esel war! Viele Leute hätten dasselbe sagen können und ich hätte es ignoriert, aber so wie er es sagte, war es völlig frei von Abschätzigkeit oder Negativität. Es war eine Aussage, die einfach so im Raum stand. Danach sagte er nichts mehr, aber er sah mich an, um zu sehen, wie ich reagieren würde.

Meine erste Reaktion war: „Warum sagst du das?" Er fuhr fort, mit mir über Buddhismus und Christentum zu sprechen, über das Erlebnis der Berge und alles Mögliche, und wir saßen da und plauderten die nächste halbe oder Dreiviertelstunde. Trotz seiner Aussage, dass Buddha ein Esel sei, war er ein sehr freundlicher Mann. Ich wusste damals noch nicht, dass er mit seinen Worten einen Samen in mir gepflanzt hatte, denn meine Begegnung mit diesem alten Mann in den Bergen der Sierra Nevada blieb nicht ohne Folgen für mich.

Als wir unser Gespräch beendet hatten, setzte ich meinen Rucksack auf und wünschte ihm alles Gute. Wir verabschiedeten uns und ich ging weiter, aber was er über den Buddha gesagt hatte, blieb mir im Gedächtnis. Es war nicht einmal so sehr das, was er gesagt hatte, sondern die Art, wie er es gesagt hatte, mit diesem schelmischen Augenzwinkern. Ich setzte meinen Weg fort und dachte: „Hm. Ich frage mich, warum er das gesagt hat." Dies war das Samenkorn, das er in mein Bewusstsein gelegt hatte.

Ein paar Jahre später. Ich arbeitete als Mechaniker in einem Fahrradgeschäft und reparierte Fahrräder. Ich trug immer noch meine Mala um das Handgelenk. Einmal hatte ich ein Rad auf dem Reparaturständer und war mitten in der Arbeit. Ich drehte mich herum und die Mala verfing sich am Ständer. Der Faden der Mala riss und die Perlen flogen in alle Richtungen. Es war, als ob die Mala an meinem Handgelenk explodiert wäre. Die Perlen hüpften über den ganzen Boden, unter die Tische und Schränke, und waren für immer verschwunden. Ich brach in Lachen aus. Ich lachte darüber, dass in diesem Moment meine „spirituelle Ich-Identität" zerbrochen war. Es war, als würde sie wie diese Perlen auf den Boden fallen. Ich war begeistert und erleichtert.

Ich bückte mich, hob alle Perlen auf, die ich finden konnte, und steckte sie in meine Taschen, um die Mala wieder aufzufädeln. Als ich fertig war, wurde mir klar, dass diese spirituelle Identität vorbei war. Ich musste mich nicht mehr durch die Linse der spirituellen Identifikation sehen. Nachdem ich zu Hause ankam und mir die Perlen angesehen hatte, überlegte ich, ob ich sie wieder zu einer Mala auffädeln sollte. Ich hatte sie einst selbst aufgefädelt. Doch mir wurde klar, dass es vorbei war. Meine Identität als irgendetwas – als Buddhist, als Christ – war „zu Boden gefallen", als diese Schnur riss. Dann erinnerte ich mich an das, was der alte Mann in den Bergen gesagt hatte – wobei es nicht darum ging, *was* er über den Buddha sagte, sondern *wie* er es sagte, mit einem Funkeln in den Augen, als wollte er mir etwas zeigen, das ich fast bereit war zu sehen, aber eben noch nicht ganz. In diesem Moment wurde mir klar, dass dieses Zerreißen der Mala und das Verstreuen der Perlen über den Boden in gewisser Weise ein symbolisches Ereignis war. Es war wie die Darstellung einer Bewusstseinsveränderung, die zwar längst stattgefunden hatte, die ich jedoch erst bemerkte, als sie sich in diesem Ereignis zeigte. Es war die physische Darstellung meiner spirituellen Identität, die wegfiel oder auseinanderfiel – manchmal ist es schwer, den Unterschied zu erkennen.

Dies bedeutete nicht, dass ich aufhörte, Buddhismus zu praktizieren. Ich tat weiterhin das, was ich immer getan hatte. Ich suchte an den Wochenenden meinen Lehrer auf und praktizierte eifrig. Daran änderte sich nichts. Doch was jetzt fehlte, war, dass ich mich als Buddhist oder als irgendetwas Anderes ansah. Als die Mala riss, war es, als ob etwas in meinem Bewusstsein gerissen wäre, in einem guten Sinne. Ich hatte meine Fähigkeit verloren, eine spirituelle Identität, eine religiöse Identität oder irgendetwas anderes in einer Gruppe zu finden. Das war ein transformierender Moment. Wenn diese internen Ereignisse eintreten, scheint die Außenwelt widerzuspiegeln, was in deinem Inneren geschieht. Die Außenwelt wird zur Reflexion deines Seins.

Ich kann jetzt zurückblicken und sehen, wie wichtig das war. Ich wusste, dass es damals wichtig gewesen war, aber ich wusste nicht, wie sehr. Ich hatte keine große Offenbarung, denn es ging nicht darum, etwas zu erreichen, sondern darum, dass die spirituelle oder religiöse Identität wegfällt. Ich hatte noch nicht verstanden, dass auch dies Teil eines spirituellen Prozesses war, dass es Teil meines Weges war. Ganz gleich wie wir unsere Identität konstruieren, was auch immer wir ansammeln, es wird uns irgendwann weggenommen, wenn wir unseren letzten Atemzug auf dieser Erde tun. Ein großer Teil des spirituellen Weges besteht darin, Identitäten zu durchschauen. Wenn wir an Identität denken, nennen wir sie vielleicht „Ich-Identität" oder „Identität mit unserer Vergangenheit" oder „Identität mit unserem Geist" – mit unseren Gedanken und Erinnerungen. Es gibt aber noch andere Arten von Identitäten, die subtiler und noch umfassender sind. Es gibt Identitäten, von denen wir vielleicht nicht einmal wissen, dass wir sie haben. Wir bemerken sie erst, wenn wir sie nicht mehr haben.

Wir können unsere Identitäten auf fast jede Weise finden – durch unseren Verstand, unsere Geschichte, Konditionierung, Bildung und religiöse oder politische Zugehörigkeit. Wenn wir sie brechen, liegt das nicht unbedingt daran, dass wir keine Verbindung mehr zu einer Religion oder einem politischen Standpunkt haben. Wir können diese Zugehörigkeiten haben, ohne dass sie zu dem werden, was wir sind, und ohne dass sie als Identitäten empfunden werden. Kennen Sie den Witz darüber, wie Sie, wenn Sie eine Party vermasseln wollen, nur über Politik oder Religion sprechen müssen? Warum können sich Menschen so aufregen, wenn jemand ihre politische oder religiöse Identität in Frage stellt? Dieser alte Mann in der Sierra Nevada forderte mich heraus, als ich sagte, meine Mala sei ein buddhistischer Rosenkranz, indem er antwortete: „Oh, Buddha war ein Esel", mit einem Lächeln im Gesicht und einem Blinzeln im Auge.

Er wollte mir nicht wirklich zeigen, was er über den Buddha dachte. Es ging nicht darum, es ging um etwas anderes. Ich spürte seine wahre Botschaft: „Hey, Kid, ich versuche dir hier etwas zu zeigen. Willst du es sehen?" Ob er es vorhatte oder nicht – er hatte begonnen, meine spirituelle Identität aufzulockern, und in dem Moment, in dem der Faden riss, der alle Perlen zusammenhielt, und das Ganze zu Boden fiel, wusste ich, dass ich bereit war. Ich hielt nicht mehr an meiner buddhistischen Identität fest.

Ich sehe diese beiden Momente – die zerrissene Mala und den Mann am Wegesrand – als enormen Segen. Ich hätte mich angesichts dessen, was er über den Buddha sagte, über den alten Mann aufregen können. Ich hätte bestürzt sein können, dass der buddhistische Rosenkranz, den ich jahrelang jeden Tag um mein Handgelenk trug, seine Perlen über den ganzen Boden verstreute, aber aus irgendeinem Grund war ich bereit für diese beiden Begegnungen mit dem Leben. Sie zeigten mir, wie ich aufhören konnte, meine Identität durch meine Zugehörigkeit zu finden – in diesem Fall durch religiöse Zugehörigkeit.

Ohne es zu merken, hatte ich unwissentlich ein Gefühl von „Ich", ein Gefühl von Selbst, um dieses Etikett von „Buddhist" herum aufgebaut. Es ist tückisch, wie der egoische Geist, der egoische Instinkt, alles aufnimmt und leise beginnt, eine Identität und ein Selbstgefühl um sich herum zu weben. Zur gleichen Zeit, als ich versuchte, diese falschen Identitäten zu durchschauen oder darüber hinauszugehen, schuf der Ego-Geist eine neue Identität – diesmal als Buddhist. Du kannst ein Buddhist oder ein Christ, ein Muslim oder ein Jude sein, ohne dass eine Identität darum gebildet wird. Das war es, was mir übrigblieb, als sich diese beiden Ereignisse schließlich abspielten. Das war es, was ich „einen Vorgeschmack auf eine tiefere Offenbarung oder eine tiefere Wahrheit" nenne, ein Moment, in dem ich fühlen und spüren konnte, wie es war, keine spirituelle Identität zu haben. Dieser Moment war leicht und weit. Er war eine große Erleichterung, weil ich all die Dinge tun konnte, die ich immer schon tat – all die buddhistischen Praktiken, mit denen ich mich zuvor beschäftigt hatte –, aber ich musste keine Identität um sie herum konstruieren.

Wir alle haben unsere religiösen oder spirituellen Zugehörigkeiten, unsere Neigungen und unsere politischen Sichtweisen. Wir definieren uns durch Familie, Freunde, Ehemänner, Ehefrauen oder Eltern, durch unseren Beruf und unsere Rolle im Leben. So gesehen, sind all diese Dinge vollkommen in Ordnung, da wir alle unterschiedliche Funktionen und verschiedene Rollen in dieser Welt haben. Es ist einfach, ein Selbstgefühl um sie herum aufzubauen. Ehe wir uns versehen, bilden wir eine Identität aus diesen Zugehörigkeiten oder Positionen. Wenn sie in Frage gestellt werden, reagieren wir emotional, als ob unser ganzes Wesen in Frage gestellt wird. Deshalb sind Politik und Religion heikle Gesprächsthemen. Wenn wir dazu bereit sind, können wir jedoch all diese Funktionen, all diese Rollen – bei Bedarf auch mit großem Engagement – ausfüllen, ohne eine Identität um sie herum zu bilden.

Eine der wichtigsten Lehren Buddhas war die Lehre vom „Nicht-Selbst". Viele denken, dass er damit „kein Ego" meinte. Doch das war damit nicht gemeint. „Nicht-Selbst" bedeutet etwas viel Tieferes. So wie Buddha das Wort „Selbst" verwendet, könnte man es im theistischen Sinne als so etwas wie „Seele" interpretieren. Buddha sagte, es gibt keine geheime Essenz, die gegen die Welt des Wandels immun ist. Es gibt keine unveränderliche Pseudo-Entität, die hinter deinen Augen geparkt ist und weiter existiert, wenn dein Körper nicht mehr funktioniert. Dies war das wirklich Neue, was er der Welt brachte. Ist es nicht ironisch, dass ich als Praktizierender einer Religion, die dies als eines ihrer Grundprinzipien hat, diese Religion unwissentlich benutzte, um eine neue Identität zu bilden und daran festzuhalten?

Wenn ich jetzt zurückblicke, ist es fast lächerlich, aber zu der Zeit (zumindest für eine Weile) war es mir ernst damit. Wir neigen dazu, unsere neuen Identitäten zu mögen, was auch immer sie sind, bis wir sie alle durchschauen und erkennen, dass wir nicht mehr an ihnen festhalten müssen. Wir müssen keine Identität um die Dinge schaffen, die wir lieben oder die wir hassen. Was wir sind, ist etwas viel Flüchtigeres. Wir brauchen uns nicht auf einen dieser begrifflichen Rahmen zu beschränken.

Diese kleinen Momente – der alte Mann in den Bergen und das Zerreissen der Mala – leiteten eine ganz neue Phase meines spirituellen Lebens ein. Ich sah zwar, was geschah, aber wie gesagt, ich erkannte zunächst nicht die volle Bedeutung. Das dauerte noch Jahre. Wir alle haben diese kleinen Momente – vorausgesetzt, wir sind bereit sie zu bemerken. Doch wenn wir zu sehr in uns selbst gefangen sind und wenn wir unsere Identität zu streng beschützen, sehen wir nicht, was diese Momente uns zu zeigen versuchen. Wenn etwas nicht unseren Vorstellungen entspricht, gehen wir in die Defensive und widersetzen uns.

Im spirituellen Leben geht es darum, diese Identitäten zu durchschauen und zu sehen, wie der Geist neue erschafft, sobald alte wegfallen. Es ist nützlich, auf die unscheinbaren Momente im Leben zu achten, da sie als Spiegel für das dienen können, was tief in unserem Bewusstsein auf einer Ebene vor sich geht, die wir möglicherweise nicht kennen. In diesem Fall zeigte mir der Spiegel: *Das brauchst du nicht. Du musst keine Identität als Buddhist oder Christ oder Jude oder Muslim oder irgendetwas erschaffen. Du musst es nicht zu dieser konkreten Sache machen, mit der du dich identifizierst.*

Das Leben ist ein Spiegel. Er zeigt uns jedes Mal, wenn wir eine heilige Idee, Zugehörigkeit oder Sichtweise vorschützen. Der Grund, warum wir sie normalerweise vorschützen oder gegen jemanden oder etwas verteidigen, liegt darin, dass wir uns angegriffen fühlen, dass unser Selbst sich herausgefordert fühlt. Sie zeigen, wie sich unser Geist um eine Idee, Zugehörigkeit oder Sichtweise herum verfestigt hat und daraus eine Identität schafft. Dem Leben ist es egal, auf welcher Grundlage wir unsere Identität bilden. Es hat keinen Respekt vor dem, womit wir uns identifizieren – es ist immer das, was es ist. Mit unserer Identität ist es wie beim Kegeln: wenn unsere Person auf Ablehnung trifft, wenn es einmal nicht so läuft, wie wir uns das vorstellen, dann fallen die Kegel unserer Identität allesamt um.

Wir alle wissen, dass große Lebensereignisse – Scheidung oder Tod in der Familie, unheilbare Krankheit oder andere Krisen – unsere Welt auf den Kopf stellen. Wenn wir dazu bereit sind, stellen sie unser Selbstbewusstsein auf den Kopf und entlarven es als das, was es ist: etwas Flüchtiges, das einer tiefen Selbstbeobachtung oder tiefgehenden Analyse nicht standhält. Es sind jedoch nicht nur die plötzlichen, großen Momente, die für uns als befreiende Spiegel wirken können. Die Anreihung kleiner Momente zeigt uns – wenn wir die Bereitschaft haben, ihnen Aufmerksamkeit zu schenken – dass unser tägliches Leben unser direktester Lehrer ist.

Ich blicke mit großer Liebe und Dankbarkeit auf diesen alten Mann in den Bergen zurück. Er hat dazu beigetragen, mich von einer starren Identität zu befreien. Ich schaue ebenfalls mit großer Liebe auf den Moment zurück, in dem meine buddhistische Mala zerriss und die Perlen im ganzen Fahrradgeschäft verstreute, denn in diesem Moment löste sich meine alte religiöse oder spirituelle Identität auf. Ich hätte mich über den alten Mann aufregen oder ihm widersprechen können. Ich hätte denken können, dass das Zerreißen meiner Mala – der Mala, die ich selbst gemacht und jahrelang um mein Handgelenk getragen hatte – eine Tragödie war. Aus irgendeinem Grund, den ich mir nicht selbst zuschreiben kann, war ich jedoch für beide Momente bereit. So konnten sie mir als Lehren dienen. Da ich mich ihnen nicht widersetzte und sie nicht wegschob, hatten sie den Effekt, die Last, die ich zu dieser Zeit trug, zu erleichtern.

Diese reflektierenden Momente sind nicht selten. Sie passieren jeden Tag. Die Einladung ist ständig da und wir können jederzeit innehalten und uns fragen: *Ist es notwendig, sich dem zu widersetzen? Ist es notwendig, Widerstand zu leisten, wenn jemand sagt, dass er uns nicht zustimmt?*

Ist es notwendig, uns dem Leben zu widersetzen, wenn es einen anderen Verlauf nimmt als den, den wir uns vorgestellt haben? Wenn wir uns dagegen wehren, an welchem Selbstgefühl oder welcher Identität halten wir fest? Ist das wirklich notwendig? Ist es das, was wir wollen? Macht uns dieses Festhalten freier?

Jedes Mal, wenn wir festhalten, begrenzen wir unsere Wahrnehmung und unsere Erfahrung des Seins. Ich möchte dich ermutigen, dir anzuschauen, was auch immer das Leben in dir widerspiegelt. Anstatt zu versuchen, etwas anderes oder besseres zu sein, stell dir folgende Fragen: *Brauche ich eine neue Fixierung? Muss ich mir aufgrund meiner Interessen oder meiner Standpunkte eine Identität erschaffen? Kann ich diese haben, ohne ein Gefühl für mich selbst zu erfinden? Kann ich eine größere Freiheit erfahren, indem ich alle Arten der Identitätsbildung in Bezug auf meine Zugehörigkeit und die Rollen, die ich im Leben spiele, fallenlasse?* Wir können wacher sein für das, was jeder Moment des Lebens uns zu zeigen versucht. Die Bereitschaft zu sehen ist alles, was wir dazu brauchen.

Das schmutzige kleine Geheimnis der spirituellen Praxis

Beim Erwachen geht es darum, loszulassen wie wir unsere Welt wahrnehmen.

Das schmutzige kleine Geheimnis der spirituellen Praxis ist, dass es erschreckend sein kann, sich der wahren Natur unseres Selbst zu stellen. Für diejenigen von uns, die eine spirituelle Praxis pflegen, ist es üblich, uns mit unserer existenziellen Angst auseinanderzusetzen. Dies ist nicht die Art von Angst, die notwendigerweise aus der Vergangenheit oder einem traumatischen Ereignis stammt. Sie kommt von einem speziellen Ort in uns. Sie ist dieses Gefühl im Bewusstsein, dass wir einer Unermesslichkeit des Unbekannten und Unendlichen ausgesetzt sind. Aus unserer Angst davor halten wir an unserem Ego fest.

Das Ego manifestiert sich im Großen und Ganzen in drei Teilen unseres Seins: begrifflich, emotional und rudimentär. Wir erleben begriffliches Ego im Geist als Bilder, Vorstellungen, Überzeugungen und Urteile. Es ist der intellektuelle Teil. Wenn wir aus diesem begrifflichen Ego aufwachen, befindet sich unser Selbstgefühl nicht mehr in der Matrix des Denkens – es befindet sich nicht mehr in dem, was uns gelehrt wurde, oder in der Vorstellung über Dinge, an die wir glauben. Das begriffliche Ego loszulassen ist wie aus einem Traum aufzuwachen: Wir identifizieren uns nicht mehr mit dem, was wir als wahr „wissen".

Die zweite, innere Form des Egos – das emotionale Ego – wird in unserer Brust gehalten und gefühlt. Ich betrachte es als den Nordpol unseres Ego-Kompasses, denn wenn wir uns mit dem emotionalen Ego verbinden, fühlen wir uns orientiert und wie unser wahres Selbst. Dies ist jedoch nicht immer etwas Positives. Einige Egos fühlen sich am normalsten, wenn sie sich in einem negativen Zustand befinden – wütend, ängstlich oder beschämt, welcher Teil des Spektrums emotionaler Erfahrung auch immer der vertrauteste ist. Wir sind vielleicht aus dem begrifflichen Ego aufgewacht, aber wir können immer noch im emotionalen steckenbleiben. Wenn wir erkennen, dass „ich nicht diese Gefühle bin", werden wir uns von der emotionalen Identifikation mit dem Selbst lösen. Wenn uns das gelingt, erlangen wir eine Freiheit von allen Arten von emotionalem Ego: positiv, negativ und neutral.

Das begriffliche und das emotionale Ego kursieren um den dritten Teil des Egos, den ich als „rudimentäres Ego" bezeichne. Es ist in unserem Bauch verwurzelt. Wenn es sprechen könnte, würde es nur ein Wort sagen: ein großes kosmisches „Nein!" Nein zum Leben, nein zum Tod. Nein, nein, nein. – Wir können uns in einem Zustand befinden, in dem wir überhaupt keine wirkliche Bedrohung erfahren. Wenn wir beim Meditieren auf diese Kernebene des Egos stoßen, fühlen wir möglicherweise ein irrationales Gefühl, dass unser Selbst vernichtet wird. Dies ist der Ort existenzieller Angst. Es ist keine Angst vor dem Tod, es ist nicht die Angst, verletzt zu werden, sondern es ist die Angst vor der Vernichtung, vor der Nicht-Existenz und vor dem Nicht-Sein. Wenn Menschen Kontakt zu dieser Angst finden und mit mir darüber sprechen – insbesondere über die existenzielle Unermesslichkeit des Unendlichen oder des Terrors des Unbekannten –, legen sie oft unbewusst ihre Hand auf den unteren Teil ihres Bauches, denn das ist der Ort im Körper, von dem die Angst erzeugt und wo sie gefühlt wird.

Die Idee, diese verengende, rudimentäre Angst loszulassen, kann gefährlich erscheinen. Stellen Sie sich Ihr rudimentäres Ego wie eine geballte Faust vor. Wenn Sie sich vorstellen, dass eine Hand eine Faust macht und sie dann loslässt, wäre die Faust vernichtet. Auf der Bauchebene ist dieses Ego die Erfahrung zusammengezogener Leerheit. Damit diese Enge sich löst, wir frei sind und Gott erkennen können, müssen wir auf etwas zugreifen, das tiefer und grundlegender ist als der Instinkt. Im Zen wird dies als „das torlose Tor" bezeichnet, durch das wir gehen, wenn wir spirituelle Meilensteine oder Wandlungen erreichen. Es ist „torlos", denn es passiert nichts, außer dass Verengungen gelöst werden. In Wirklichkeit gab es nie so etwas wie ein Tor – wir haben das Tor in unseren Gedanken selbst erschaffen – und wir werden letztlich vernichtet, aber nicht so, wie wir befürchten. Sobald wir durch das torlose Tor gegangen sind und die Faust des rudimentären Egos gelöst haben, können wir auf etwas zugreifen, das tiefer liegt als der Instinkt. Wir lassen die existenzielle Angst hinter uns.

Wir können unzählige spirituelle Erfahrungen machen und trotzdem unsere egoische Identität intakt halten. Doch wenn wir wirklich erwachen, überschreiten wir zumindest einen Teil der Ego-Struktur. Dies bedeutet jedoch nicht, dass es sich nicht neu formiert und auf neue Weise manifestiert. Manchmal tut es das, manchmal nicht. Um unsere existenziellen Ängste hinter uns zu lassen, müssen wir diesen tiefen Aspekt des Egos durchschauen und unser Bewusstsein frei machen, um uns mit seiner eigenen Unendlichkeit, seiner leeren Natur zu verbinden.

Das Loslassen der Vorstellungen im Kopf und der Emotionen im Herzen bedeutet nicht, dass wir nie wieder denken oder fühlen werden. Aber wir können auf beiden Ebenen erwachen. Trotzdem kann unser rudimentäres Ego intakt bleiben. Diese existenzielle Ebene des Selbst kann uns auf einer anderen Ebene weiterhin Angst machen. Was passiert, wenn wir die Faust des Egos und des Selbst öffnen? Einige Menschen haben Angst davor, verrückt zu werden – eine Angst vor Kontrollverlust. Es ist keine gute Idee, diese Art von Angst einfach zu ignorieren. Die weiseste Art, mit ihr umzugehen, ist abzuwarten, bis ein Gefühl der Bereitschaft zum Loslassen entsteht. Während sich unsere spirituelle Praxis entwickelt, erkennen wir, dass das einzige, was vernichtet wird, unser Festhalten am Selbst ist. Wir lernen, auf den tieferen Ort zuzugreifen, und es fühlt sich gut an, loszulassen. Wir erkennen, dass diese Angst ein torloses Tor und eine Verengung im Bewusstsein war.

Stellen Sie sich die rudimentäre Ich-Struktur noch einmal als geballte Faust vor: Wenn sie gelöst wird, geht nichts verloren, weil überhaupt nichts da war. Das Ego war verengtes Bewusstsein. Das ist alles. Nichts wird gewonnen oder geht verloren. Erst wenn wir durch dieses torlose Tor gegangen sind, können wir verstehen, dass das Ego eigentlich gar nichts war. Es war ein Albtraum des Bewusstseins, der von unserem Geist erzeugt wurde. Die verschlingende Leere, das Nichts und das Gefühl der bevorstehenden Vernichtung haben keine greifbare Realität, wenn wir die Faust öffnen und die Struktur des Selbst entwurzeln – und aufwachen.

Obwohl wir aus unserem Ego-Traum aufgewacht sind und die andere Seite des Tores hinter dem Ego und der daraus resultierenden Angst gesehen haben, wartet das Selbst immer noch darauf, dass wir irgendwann aus unserem transzendenten Urlaub zurückkehren. Deshalb müssen wir das Ego aus dem Kern des Bewusstseins entwurzeln. Das Ego hinter sich zu lassen ist etwas, das nur selten in einer ersten Erweckungserfahrung geschieht. Es braucht Zeit und Übung. Es dauert seine Zeit. Denn je mehr Ebenen des Egos wir durchschauen, desto mehr finden wir. Mit diesen umzugehen, mag einfacher sein, wenn wir uns als außerhalb von ihnen sehen, wenn wir uns nicht von ihnen definieren lassen. Ein tiefes und kraftvolles spirituelles Erwachen bedeutet nicht automatisch, dass das Ego beseitigt wird.

Zu Beginn dieses Kapitels nannte ich diese Erfahrung, an einem Ort der Angst vor der Vernichtung stecken zu bleiben, „das schmutzige kleine Geheimnis der spirituellen Praxis". Es ist ein schmutziges kleines Geheimnis, weil es nicht offen diskutiert wird, obwohl es eine häufige Erfahrung ist. Immer wenn ich darüber rede, antworten die Leute unweigerlich mit: „Oh mein Gott! Ich bin froh, dass Sie das ansprechen. Genau diese Angst habe ich!" Es ist nicht sehr populär, darüber zu sprechen, dass es Teil der göttlichen Erleuchtungsreise sein könnte, einen existenziellen Terror durchzumachen oder sich der völligen Vernichtung zu stellen. Das ist nicht der Stoff für Buchtitel. Doch die Wahrheit ist, es ist Teil der Erfahrung der meisten Menschen.

Die Entwurzelung der Ego-Struktur ist das Ende seiner Welt und das Ende seiner Funktion als psychologischer Wahrnehmungsmechanismus. Danach begegnen wir der Realität nicht auf die gleiche Weise, wir sehen uns selbst nicht auf die gleiche Weise und wir sehen andere nicht auf die gleiche Weise. Die Dinge sind anders, obwohl sich nichts geändert hat – es ist genau dieselbe Welt, in der wir alle herumtapsen. Beim Erwachen geht es darum, loszulassen wie wir unsere Welt wahrnehmen. Was wir erkennen – und was wir im Gegenzug dafür erhalten – lässt das, was wir verloren haben, wie ein Nichts erscheinen. Das meiste, was wir verlieren, hat in erster Linie zu Leiden geführt. Obwohl wir es als Verlust bezeichnen können, werden wir es nicht beklagen. Die gute Nachricht ist, dass es nichts zu befürchten gibt.

Bereitschaft zur Begegnung mit der Stille

Alle Erfahrungen sich selbst zu überlassen
ist Meditation.

Meditation wird oft als Technik angegangen: Was tun wir, wenn wir meditieren? Es gibt unzählige Variationen, und jeder, der meditieren möchte, kann in meinen anderen Büchern oder an den verschiedensten Stellen Anweisungen finden. Aber was ist eigentlich Meditation? Was ist der meditative Geist? Was passiert, wenn wir auf authentische Weise in den meditativen Geist eintreten?

Einer der ersten und mächtigsten Aspekte der Meditation ist ihre Ehrlichkeit: Wir setzen uns hin und sind mit uns selbst konfrontiert. Wenn du dich in einem ruhigen Raum befindest, der frei von äußeren Störungen wie Fernsehen oder Unterhaltung ist, bist du mit dir allein. Du kannst alle möglichen ausgefallenen spirituellen Ideen haben – wir alle haben diese – aber wenn du stillsitzt und ruhig bist, ist es, als würdest du in einen Spiegel schauen: Du siehst dich selbst. Wenn wir meditieren, bemerken wir (zumindest anfangs) den Inhalt unseres Geistes und unseres Bewusstseins.

Die Natur unseres Geistes zu sehen, ist das Ziel der Meditation, aber es ist auch eines der beunruhigenden Dinge. Wir hegen die Illusion, dass wir unser Leben und unseren Geist lenken, dass wir kontrollieren, wie wir fühlen und denken. Doch nur solange, bis wir uns hinsetzen, um uns schweigend mit uns selbst zu konfrontieren. Dies kann demütigend sein, da die meisten Menschen nicht wissen, wie aktiv, unkontrollierbar, turbulent und unvorhersehbar der Geist ist, bis sie mit der Meditation beginnen. Meistens erzeugt der Geist Gedanken von geringer oder gar keiner Bedeutung. Es ist, als ob dein Geist sich selbst unterhält. Wenn eine durchschnittliche Person den Bürgersteig entlang geht, kannst du zwar nicht sehen, wie sich ihre Lippen bewegen, aber wahrscheinlich führt die Person ein internes Gespräch mit sich selbst, als ob es zwei von ihnen gäbe – eine spricht und die andere hört zu. Es kann nicht zwei von irgendjemandem geben, aber es fühlt sich so an, wenn wir uns in einem internen Dialog verlieren.

Die meisten Formen der Meditation helfen uns, das Bewusstsein auf etwas anderes als den normalen, chaotischen Geisteszustand zu konzentrieren. Wir treten in der Meditation in einen Zustand der Unschuld ein. Dann sehen wir, dass wir einen ziemlich lauten, denkenden Geist haben – die erste Konfliktschicht. Und dann sagt uns unser Geist, dass wir doch bitteschön nicht so einen Lärm machen sollen – und erzeugt damit eine eigene, sekundäre Konfliktschicht. Als ich das erste Mal meditierte, hatte ich keine Ahnung, was passieren würde – oder nicht. Da ich keine Ahnung hatte, habe ich es bei dieser sekundären Konfliktschicht belassen, die versucht, über die erste hinauszukommen – die bereits in Geist und Körper vorhanden ist.

Meditation ist ein Versuch, mit einem tiefen Teil unseres Seins in Kontakt zu kommen, der nicht definiert ist durch die Geschichten des denkenden Geistes. Sie definiert sich nicht durch das turbulente emotionale Geschehen, dem man manchmal in der Meditation begegnet. Meditation ist im tiefsten Sinne eine Begegnung mit der Stille deines Seins. Dies ist das Herzstück der Meditation: Sie ist die Bereitschaft, in Stille zu sein.

Stille gehört nicht unbedingt zur Gegenwartskultur. Im Gegenteil: Die gesamte technologische Entwicklung zielt im Wesentlichen auf Ablenkung von uns selbst. Das geht so weit, dass wir mittlerweile völlig auf unsere Apparate angewiesen sind. Ungeachtet ihrer praktischen Nützlichkeit kann die Technologie in uns Chaos und Störungen erzeugen. Wenn unsere Aufmerksamkeit auf soziale Medien gerichtet ist, mag der Raum um uns herum zwar ruhig sein, aber wir befinden uns nicht an einem Ort der Stille.

Stille ist für viele von uns beunruhigend. Sie kann sich seltsam anfühlen, wenn man nicht an sie gewöhnt ist. Die Ironie dabei ist, dass die Aktivität der Natur – zu der wir gehören – größtenteils in Stille stattfindet. Deshalb gehen die Menschen gerne im Wald spazieren oder woanders, wo sie der Hektik und dem Lärm des menschlichen Lebens entfliehen:

Es ist ein Weg, in die Stille einzutreten. Meditation ist ein fokussierter Weg, dies zu tun. Die Herausforderung besteht darin, dass man, wenn man anfängt, auf die innere Stille zu achten, zuerst einmal das Geräusch hört. Viele Menschen befinden sich in einem subtilen oder offenen Kampf mit dem Chaos des begrifflichen Geistes und mit den Bildern aus Vergangenheit und Zukunft. Meditation hat jedoch überhaupt nichts mit der Kontrolle des Geistes zu tun. Ein Lehrer von mir sagte mir einmal: „Wenn du gegen deine Gedanken kämpfst, kommst du aus dem Kämpfen nicht mehr heraus." Was würde passieren, wenn wir *nicht* gegen unseren Geist, unsere Gefühle und gegen uns selbst kämpfen würden?

Wenn du nicht aufpasst, kann Meditation zu einem spirituellen Wettbewerb werden – nicht zwischen uns und anderen, sondern zwischen dem Wunsch, still zu sein und den Bewegungen des Geistes. Doch ein Wettbewerb ist keine Meditation. Zu versuchen, die unbändige Gedankentätigkeit in deinem Geist durch Konzentration einzuschränken, ist keine Meditation. Es ist Konzentration. Meditation ist ein tiefer Zustand des Zuhörens. Das ist das Herzstück der Meditation: Höre auf die ruhigen Orte und versuche dabei nicht, deinen Willen durchzusetzen oder deinen Geist an ein bestimmtes Muster anzupassen, sei es durch das Beruhigen der Gedanken oder das Erzwingen des Denkens oder Nicht-Denkens nach bestimmten Grundsätzen.

In der Meditation lässt du alle Formen von Konflikten los und lässt deine vollständige Erfahrung und jede einzelne Wahrnehmung genau so sein, wie sie ist, weil sie bereits richtig ist. Wir fühlen, wie wir uns fühlen, wir denken, wie wir denken, und unsere innere Umgebung ist so, wie sie in einem bestimmten Moment ist; also können wir uns genauso gut darauf einstellen. In diesem Sinne geht Meditation gegen den Strich. Manchmal denken wir: *Wenn ich mein Problem lösen könnte, hätte ich kein Problem.* Aber manchmal schafft der Versuch, dein Problem zu lösen, ein anderes Problem. Um den stillen Räumen im Inneren zuzuhören, müssen wir zulassen, dass jeder Teil unserer Erfahrung so ist, wie er ist. Wenn wir dies nicht tun, befinden wir uns in einem Konflikt und versuchen zu kontrollieren, wie wir denken oder fühlen. Meditation ist das Aufgeben der Kontrolle, nicht die Perfektionierung der Kontrolle.

Versuche es aus subjektiver Sicht zu betrachten: Ein Gedanke entsteht und vergeht dann wieder, als würde er einen Strom hinuntertreiben.

Wenn wir uns auf den Strom konzentrieren oder auf die Frage, ob es Gedanken gibt oder nicht, dann nimmt unser Denken eine kontrollierte, vorsätzliche Qualität an. „Vorsätzliches Denken" bedeutet, sich mit Absicht am Denkprozess zu beteiligen. Es gibt eine Zeit dafür, aber Meditation ist nicht diese Zeit.

Die Tiefe deiner Meditation ist abhängig von deiner Fähigkeit zuzuhören, und die meisten Menschen hören nicht zu, wenn sie meditieren. Sie bleiben in der Technik stecken, die sie anwenden, wenn sie versuchen, „richtig" zu meditieren und ihren Geist zu beruhigen. Es gibt eine unausgesprochene, teils unbewusste Agenda, die du in die Meditation einbringen kannst, und wenn du nicht vorsichtig bist, wird diese Agenda zu deiner Meditation. Mit anderen Worten, du meditierst über deine Agenda, egal ob diese Agenda geeignet ist, die Gedanken zu beruhigen oder in Frieden zu sein oder Glückseligkeit zu verspüren oder was auch immer es sein mag. Meditation ist das Aufgeben der Agenda. Es ist der natürliche Rhythmus des Denkens, wenn du nicht bewusst etwas hinzufügst oder versuchst, etwas davon wegzunehmen, wenn du nicht versuchst, es zu kontrollieren oder zu stoppen.

Meditation hat eine weiche Qualität, eine flüssige Qualität, weil sich deine Erfahrung ständig ändert. Es ist alles Bewegung. Wenn du versuchst, den Fluss zu stoppen, dann leistest du dem natürlichen Bewusstseinsfluss Widerstand. In diesem Sinne geht es bei Meditation um Widerstandslosigkeit, als die subjektivste Form, Gewaltfreiheit und Nichteinmischung zu praktizieren. Wenn du versuchst, Dinge zu ändern oder zu verhindern, dass etwas passiert, oder dem nachjagst, was du hoffst, ist dies eine subtile Form von Gewalt oder Kontrolle. Meditation ist das Aufgeben dieser Haltung, und du kannst nicht loslassen, was du nicht erkennst. Erkenne also zuerst jeden Wunsch nach Kontrolle und alles konditionierte Streben nach Kontrolle an. Sieh es und beobachte das Spiel.

Meditation ist, all das zu sehen. In der Meditation lernst du die Natur deines Geistes kennen und bemerkst, wenn dein Geist versucht, sich selbst zu beherrschen, wenn es einen Gedanken gibt, der sagt: „Ich muss aufhören zu denken!" – was selbst ein Gedanke ist. In der Meditation siehst du Gedanken als Gedanken. Es geht nicht darum, Gedanken zu bewerten oder gute von schlechten, nützliche von nutzlosen zu unterscheiden. Das heben wir uns für ein andermal auf. Bei der Meditation geht es darum, die ganze Natur der Erfahrung zu sehen. Wenn du deine Gedankentätigkeit beobachtest, wirst du feststellen, dass der Versuch, deine Gedanken zu kontrollieren, zu inneren Konflikten führt. Strenge führt zu immer mehr geistiger und körperlicher Verspannung.

Wenn das Beobachten des Geistes in die Tiefe geht, was Buddhisten als „ungeteilt" bezeichnen, beginnt die Qualität unseres Bewusstseins uns den Zugang zu einem tieferen Bewusstseinszustand und einem tieferen Zustand der Stille zu erlauben. Meditation ist im Wesentlichen so, als würde man in einen Aufzug steigen und ins Erdgeschoss fahren. Es ist ein Versinken in deine bewusste Erfahrung des Seins. Wir müssen nicht wissen, wie wir das erreichen können, denn es gibt kein „Wie". Den Zugang zu großer Tiefe in der Meditation erhalten wir nicht durch das, was wir tun. Mindestens ebenso wichtig ist, was wir nicht tun und was wir fallen lassen. Meditation ist die Kunst, das Tun zu lassen.

Das erste, was die Leute fragen, wenn ich über Meditation spreche, ist: „Wie meditiere ich richtig? Was muss ich tun?" Das ist eine verständliche Frage, aber Meditation ist ein Eintritt ins Unbekannte. Das egoische oder falsche Selbst basiert auf dem, was man weiß oder was man zu wissen glaubt – dem Selbst, das wir glauben zu sein. Aber das unbekannte Selbst ist die Dimension des Seins, die wir nicht auf die gewöhnliche Weise erkennen können. Es ist kein Gedanke, kein Bild, kein Glaube, keine Vorliebe, und es hat keine Geschichte. Dies ist es, was Meditation mit einem tiefen Zustand des Zuhörens aufdecken kann.

Wenn wir auf unsere Gedanken hören, bleiben wir in der Welt des Bekannten, aber wenn wir Meditation eher als einen Akt des Zuhörens an den ruhigen Orten im Inneren sehen, dann lassen wir das Bekannte los. Zu wissen, wer wir sind, zu wissen, was in der Meditation passieren soll, zu wissen, ob wir gut oder schlecht oder richtig oder falsch oder geschickt oder ungeschickt in der Meditation sind – all das existiert nur in Gedanken. Meditation lässt Bewusstsein, das Gewahrsein ins Unbekannte versinken, in das, was nicht spricht. Es sind nicht die Gedanken, die problematisch sind, es ist die Anhaftung an die Gedanken. Wenn wir versuchen, unsere Gedanken loszuwerden, zeigen wir in Wirklichkeit eine intensive Bindung an die Gedanken, die wir loswerden wollen, weil die Idee, dass wir unsere Gedanken loswerden sollten, nur in Gedanken existiert.

All dies ist Meditation. Indem du deinen eigenen Geist und deine eigene bewusste Erfahrung beobachtest, erreichst du eine Ebene, die tiefer ist als alles, was dein Geist oder deine Gedanken erschaffen könnten. Es ist eine tiefe und schöne Dimension des Bewusstseins und eine Erfahrung des Selbst, die nicht durch alle alten Vorstellungen von Selbstüberzeugungen, Meinungen, Vorlieben, Emotionen und den daraus erzeugten Gefühlen definiert wird, sondern weit darüber hinausgeht. Überlass die Gedanken sich selbst – versuche nicht, sie loszuwerden, und lass dich nicht von ihnen einwickeln. Wenn du denkst, sie sollten schweigen, dann stören sie dich. Wenn du sie in Ruhe lässt, werden sie dich nicht stören. Alle Erfahrungen sich selbst zu überlassen, ist Meditation.

Ich lade dich ein, dir einen Tag Zeit zu nehmen und zuzuhören. Auch wenn du nicht meditierst, konzentriere dich auf das Zuhören. Wenn du im Auto sitzt, höre zu – nichts weiter. Wenn dein Verstand Unsinn redet, höre zu. Füge nichts hinzu und versuche nicht, es zu kontrollieren. Hör einfach zu. Wenn du etwas fühlst, fühle es, aber tue nichts anderes. Fühle es einfach, was eine andere Form des Zuhörens ist. Du kannst diesen Moment jederzeit erleben. Du kannst jederzeit zuhören, da sein und auf ein viel tieferes Gefühl des Seins zugreifen. Fühle die große Stille, die immer ein Aspekt des Zuhörens ist. Eines der Dinge, die du hören wirst, ist Stille – keine Stille, die kontrolliert wird, keine Stille, die durch Wollen oder Streben erzeugt wird, sondern eine, die Teil des Bewusstseins ist und sich durch den Akt des Zuhörens mit allen Sinnen präsentiert.

Der meditative Geist ist außerordentlich empfindlich. So nützlich das Denken auch ist, zu viel davon macht den Geist stumpf. Um ihn zu erneuern, braucht es vor allem die Stille. Nimm dir also diesen Tag Zeit, um Platz zu schaffen, den ruhigen Räumen im Inneren zuzuhören. Mach es dir nicht zum Ziel, beachte einfach, was du bemerkst, indem du zuhörst und für das verfügbar bist, was in jedem Moment der Erfahrung geschieht. Wenn du dies tust, wird deine Erfahrung eine Transparenz bekommen – sie wird sich nicht mehr so schwer und solide anfühlen, sondern durchscheinend und kurzlebig, was noch mehr Tiefgang ermöglicht. Höre zu und schaffe Raum für die tieferen Dimensionen deines Seins, die in deinem Bewusstsein entstehen. Dies ist eine Möglichkeit, authentisch an einen Ort der Meditation zu gelangen.

Das Herz der Kontemplation

Unsere wahre Natur ist das,
was kein Gegenteil hat.

Thomas Merton, ein Trappistenmönch und Theologe des 20. Jahrhunderts, schrieb in *Christliche Kontemplation: Ein radikaler Weg der Gottessuche*: „Kontemplation ist das Bewusstsein, dass das ‚Ich' in Wirklichkeit ‚Nicht-Ich' ist. Sie ist das Erwachen des unbekannten ‚Ich', das jenseits von Beobachtung und Reflexion liegt und nicht imstande ist, sich selbst zu bewerten."

Das ist ein Satz, der es wert ist, wiederholt zu werden: „Kontemplation ist das Bewusstsein, dass das ‚Ich' in Wirklichkeit ‚Nicht-Ich' ist. Sie ist das Erwachen des unbekannten ‚Ich', das jenseits von Beobachtung und Reflexion liegt und nicht imstande ist, sich selbst zu bewerten." Das „Ich", das den meisten Menschen bekannt ist, ist das „Ich", das wir hundertmal am Tag beim Namen nennen: *Ich bin auf dem Weg zur Arbeit. Ich esse Mittag. Ich gehe zum Abendessen. Ich lese dieses Buch.* Dieses „Ich" ist, was Merton „Nicht-Ich" nennt. Das Ich, das durch dein Gedächtnis, deine Urteile über Gut, Böse, Richtig oder Falsch, deine Meinungen, dein Glaubenssystem und deine Identifikation mit einer Nationalität, Rasse oder einem Geschlecht seine Identität erhält – all diese Arten, wie du dich selbst definierst – das bist nicht du.

Was Merton sagt, ist, dass Kontemplation das Gewahrsein ist, dass dieses Ich, das alte vertraute Ego-Selbst, das du vielleicht für den größten Teil deines Lebens definiert hast, überhaupt nicht dein wahres Selbst ist. Das Ich, das du erlernt hast, das Ich, das durch die Anhäufung von Gedanken, Erinnerungen und Bildern zusammengefügt wurde, ist ein falsches Selbst. Das falsche Selbst ist ein sich ständig bewegender Strom des konditionierten Denkens, und dieses konditionierte Denken – oder ein großer Teil davon – ruft bestimmte Gefühle hervor, die folglich auch konditionierte Gefühle sind. Der Beginn der Kontemplation, der Tiefe und der Einsicht besteht darin, zu sehen, dass das falsche Selbst tatsächlich falsch ist. Nicht „falsch" im Sinne von schlecht oder unangemessen, sondern „falsch" in dem Sinne, dass es nicht real ist. Es besteht aus Gedanken, die sich auf noch mehr Gedanken beziehen, Schlussfolgerungen, die sich auf noch mehr Schlussfolgerungen beziehen, und Selbstbildern, die sich auf noch mehr Bilder beziehen. Mit anderen Worten, es ist das Denken, das sich auf nichts anderes bezieht als auf selbst erzeugtes Denken. Es ist eine Endlosschleife: Ein Gedanke bestätigt den nächsten Gedanken, dieser den nächsten und den nächsten, und da alle Gedanken Teil des Körpers sind, gehören auch Gefühle dazu. Etwas zu denken und es dann zu fühlen sind die beiden Bezugspunkte für die meisten Menschen: *Wenn ich es denke und fühle, dann ist es real.* Aber es braucht nicht viel Reflexion, um zu erkennen, dass Dinge, von denen wir gedacht und gefühlt haben, dass sie wahr sind, nicht wahr sind.

Einsicht ist das Bewusstsein, dass diese Dinge nicht das wahre Ich sind, und das Erwachen des unbekannten Ich. Merton trifft eine interessante Wortwahl: „Das Erwachen des unbekannten ‚Ich', das jenseits von Beobachtung und Reflexion liegt und nicht imstande ist, sich selbst zu bewerten." Es lohnt sich, das einmal genau zu betrachten. Das wahre Ich – das Merton „das unbekannte Ich" nannte (wenn wir es überhaupt „Ich" oder „Selbst" nennen wollen) – ist unbekannt, weil es kein Gedanke ist, kein Gefühl, kein Bild, das du dir vorstellen oder aus dem Gedächtnis rekonstruieren könntest. Mit anderen Worten, es wird nicht auf die übliche Weise, mit der wir Dinge kennenlernen, erkannt. Das wahre Ich ist jenseits von Beobachtung und Reflexion, wie Merton sagt, weil es sich selbst beobachtet.

Wir können nur über das falsche Selbst nachdenken, und wir können nur das falsche Selbst beobachten. Wir können das wahre Selbst weder beobachten noch darüber nachdenken, zumindest nicht im herkömmlichen Sinne, wie wir über Vorstellungen und Bilder nachdenken. Das falsche Selbst ist ein Wachtraum. Wenn du morgens aus dem Schlaf aufwachst, erwacht das Ego oder das falsche Selbst direkt mit dir, und das ist das Selbst, von dem Merton sagt, wir sollen es anschauen. Es sind ein paar Gedanken, aber es ist nicht das, was du bist. Der Verstand lästert: *Und? Wo soll ich nun finden, was ich bin? Wo ist denn nun die Wahrheit meines Seins? Wo ist mein wahres Selbst?* Der Geist sucht nach dem wahren Selbst und sucht nach der Wahrheit als Objekt – etwas, das zu Bewusstsein kommen und vom Bewusstsein erfasst werden kann. Doch das wahre Selbst erzeugt keine Reflexion. Es kann nicht zu einem Bild gemacht und dadurch als Objekt konzipiert werden. In der direkten Wahrnehmung unserer wahren Natur wird der selbstreflexive Aspekt des Geistes aktiviert.

Deshalb sprach Merton von dem „unbekannten Ich", dem „unbekannten Selbst" und dem „unbekannten Du". „Unbekannt", weil das wahre Selbst niemals zu einem Beobachtungsobjekt gemacht werden kann – es *ist* die Beobachtung. Es kann nicht zu einem Objekt gemacht werden, das im Bewusstsein entsteht, weil die wahre Natur eher dem Bewusstsein entspricht, das selbst das Beobachtende ist. Dieses Bewusstsein – das Bewusstsein, das zum Beispiel diese Worte liest, das sieht, was du siehst und hört, was du hörst – hat keine Form und keine Gestalt. In diesem Sinne ist es unbekannt. Es ist nicht unbekannt in dem Sinne von „nicht da" oder „verborgen", aber es ist dennoch nicht greifbar. Es ist das, was dich beobachtet, wenn du versuchst, es zu erfassen. Das Greifen nach Bewusstsein geschieht innerhalb des Bewusstseins.

Merton wies darauf hin, als er diese wunderbaren Worte benutzte: „das unbekannte ‚Ich', das jenseits von Beobachtung und Reflexion liegt und nicht imstande ist, sich selbst zu bewerten." Unfähig zu kommentieren oder zu sagen, dass etwas gut oder schlecht oder richtig oder falsch oder talentiert oder talentlos oder männlich oder weiblich ist. Das wahre Selbst – wenn wir es überhaupt „Selbst" nennen wollen – kann auf diese Weise nicht erkannt werden. Denn obwohl dies Begriffe sind, die wir für uns selbst prägen, existieren wir mit oder ohne diese Begriffe. Diese Begriffe definieren nicht uns. Sie definieren das falsche Selbst. Alle unsere bewertenden Definitionen sind das falsche Selbst, einschließlich aller Selbstbewertungen und -verurteilungen. Das falsche Selbst ist also nichts anderes als die Gesamtheit dieser Urteile und Bewertungen. Das unbekannte Selbst ist das Selbst, das nicht mit dir spricht, das Selbst, das nicht in Begriffen, Bewertungen, Urteilen, Meinungen oder sogar Glaubenssystemen zu finden ist – die alle in deinem Bewusstsein existieren.

Merton nennt es „das unbekannte Ich" und macht keine positiven Aussagen über die wahre Natur. Darin liegt eine Weisheit, denn sobald wir die wahre Natur durch eine positive Aussage wie „Oh, okay, es ist Gewahrsein und es ist Bewusstsein" definieren, wird sie zu einem weiteren Objekt innerhalb des Bewusstseins. Sogar unsere Vorstellung von Bewusstsein ist eine Idee, die im Bewusstsein entsteht, aber die wahre Natur dieses Bewusstseins geht über diese Idee hinaus. Wir wissen das, weil das Bewusstsein immer gut funktioniert, ob du nun eine Vorstellung von Bewusstsein hast oder nicht. Aus diesem Grund gibt es in einigen Formen der Spiritualität keine positive Aussage darüber, was unsere wahre Natur ist. Andere Traditionen beschreiben es als „Du bist Bewusstsein" oder „Du bist Gewahrsein" oder „Du bist das Eine". Diese Begriffe sind sinnvoll, wenn wir anerkennen, dass diese positiven beschreibenden Wörter hauptsächlich durch das relevant sind, was sie weglassen.

Das Selbst ohne Form oder Gestalt oder Bewertung – das Selbst, das Merton „das unbekannte Ich" nennt – ist deswegen unbekannt, weil es niemals zum Objekt des Bewusstseins werden kann. Bewusstsein kann niemals zum Objekt für sich selbst werden. Gedanken über das Bewusstsein sind immer innerhalb des Bewusstseins. Dies ist das Herzstück des meditativen Geistes, der meditativen Beobachtung und von Mertons Kontemplation: Wenn wir nach innen schauen, um unsere wahre Natur zu erkennen, sehen wir, dass Gedanken, Bilder und Vorstellungen vorübergehende Phänomene in unserer bewussten Erfahrung sind. Auf diese Weise transzendieren wir diese Phänomene, denn wenn all diese Begriffe, Vorstellungen und Bewertungen auch nur für einige Sekunden verschwunden sind, ist alles, was wir sind, immer noch da.

Eine der Herausforderungen, denen sich Menschen gegenübersehen, wenn sie beginnen, nach ihrer wahren Natur zu suchen, ist die unbewusste Erwartung, dass sie sich auf die gleiche Weise wiederfinden werden, wie sie jedes andere Objekt finden würden. Der Buddha erkannte dies, als er seine Lehre vom Nicht-Selbst entwickelte. Er hatte eine ähnliche Beobachtung und eine ähnliche Erfahrung wie Merton: dass das „Ich", von dem wir normalerweise denken, dass wir es sind, kein echtes Ich ist. Buddha ging so weit zu sagen, dass es kein Ich und kein Selbst gibt. Was er sah, war das falsche Selbst – eine Reihe von konditionierten Denk-, Gefühls- und Reaktionsmustern, von denen keines von Dauer ist. Sobald ein selbst-referenzierender Gedanke dahingeht, kommt ein anderer und tritt an seine Stelle. Als der Buddha dies erkannte, verstand er, dass alles, was wir als „Selbst“ bezeichnen, nicht real ist. Es gibt kein Selbst hinter selbstorientierten Gedanken, die sich auf ein Selbst beziehen, das nicht da ist, wenn wir danach suchen.

Zu sagen: „Es gibt kein Selbst“ ist eine negative Art, es auszudrücken. Ich meine nicht negativ im Sinne von schlecht. Ich meine negativ im Sinne von „die Möglichkeit ausschließend“. Merton gab dem eine positive Wendung, als er die wahre Natur „das unbekannte Ich“ nannte: Das bekannte „Ich“ ist eine Illusion, das unbekannte „Ich“ ist das Ich, das nicht zu einem Objekt gemacht werden kann. Ob wir das ein „Ich“ nennen, wie er es tat, oder „Nicht-Selbst“, wie es der Buddha tat, ist unerheblich. Wir möchten uns nicht zu sehr auf die verwendeten Begriffe versteifen, da dies uns davon ablenkt, uns dem zu öffnen, was diese Begriffe uns lehren.

Dieses unbekannte Selbst oder die wahre Natur ist immer da – deine wahre Natur kann nirgendwo hingehen. Wenn wir das sehen, erkennen wir, was die ganze Zeit da ist. Bei der Erkenntnis in diesem Sinne geht es nicht um eine Verbesserung. Es geht darum zu erkennen, was du immer schon warst, bist und sein wirst. Es ist keine Entdeckung eines besseren Selbst. Vielmehr sieht man, dass die wahre Natur Begriffe wie Bewusstsein und Gewahrsein übersteigt, weil „Bewusstsein“ und „Gewahrsein“, wie alle Worte, die wir verwenden, nur in Bezug auf das relevant sind, was sie nicht sind. „Hoch“ macht nur Sinn in Bezug auf „niedrig“, und „heiß“ nur in Bezug auf „kalt“. Bewusstsein wird nicht durch Bewusstsein definiert.

Jedes Wort, das wir verwenden, wird nicht nur dadurch verstanden, dass wir wissen, was dieses Wort bedeutet, sondern auch weil wir wissen, was es nicht ist. Wenn ich ein Wort wie „Socke“ verwende, beziehe ich mich nicht auf ein Auto, ein Flugzeug oder eine Tasse – ich beziehe mich auf eine Socke. Du denkst nicht an all die Dinge, die eine Socke nicht ist, wenn du den Begriff verwendest, denn das wäre ineffizient, aber wenn du das Wort lernst, lernst du, dass eine Socke eine Sache ist, was bedeutet, dass es alle anderen Sachen nicht ist. Wenn wir zur wahren Natur kommen, ist es nicht eine Sache im Gegensatz zu anderen: Es ist diese allumfassende Weite des Seins, die den gesamten Inhalt des

Bewusstseins transzendiert. Es ist der Inhalt in deinem Geist – deine Gedanken, deine Gefühle, alles andere – aber auch das, was du siehst, wenn du deine Augen öffnest, was du fühlst und was du hörst. All das ist auch der Inhalt deines Bewusstseins. Aber unsere wahre Natur ist das, was kein Gegenteil hat, kein „Anderes", und nicht durch das definiert ist, was es nicht ist.

Die Herausforderung dabei ist, dass jedes Wort, das wir verwenden, täuscht. Wie willst du die Realität, dass du jenseits aller Vorstellungen, Begriffe und Konstrukte deiner selbst bist, in Worte fassen? Die Definition der wahren Natur ist immer eine Einschränkung, aber die wahre Natur hat keine Einschränkungen. Worte müssen mit einer gewissen poetischen Sensibilität verwendet und verstanden werden, damit du für das, was kein Gegenteil hat, für deine wahre Natur, nicht in Definitionen von Gott, Buddhanatur, Brahman oder was auch immer du wählst, stecken bleibst.

Merton hatte die Gabe, tiefe spirituelle Erfahrung und Einsicht in poetischer Sprache auszudrücken: „Kontemplation ist das Bewusstsein, dass das ‚Ich' in Wirklichkeit ‚Nicht-Ich' ist. Sie ist das Erwachen des unbekannten ‚Ich', das jenseits von Beobachtung und Reflexion liegt und nicht imstande ist, sich selbst zu bewerten." Meditiere darüber und sieh, wie es allmählich in dir lebendig wird. Es ist eine schöne Art, sich dem wahren Selbst und dem unbekannten Ich zu öffnen, die niemals zu einem Objekt der Beobachtung gemacht werden können.

Immer schon in Meditation

Gewahrsein und Stille sind die intimsten und deutlichsten Merkmale des Bewusstseins.

Meditieren ist die Kernpraxis vieler esoterischer oder innerer Formen der Spiritualität. Meditation in der Art, wie ich sie praktiziere, dient dem Erwachen. „Erwachen" bedeutet dabei die Offenbarung der wahren Natur dessen, was wir sind. Doch Meditation kann viele verschiedene Funktionen erfüllen: Sie kann dich entspannen, ist gut für die Gesundheit und besonders gut für das Gehirn. Man sollte meinen, dass wir folglich unserer geistigen, psychischen, emotionalen und spirituellen Hygiene mehr Aufmerksamkeit schenken könnten. Wir haben eine Hygiene für alles andere – wir putzen unsere Zähne, wir halten unseren Körper sauber, wir halten unsere Kleidung sauber, wir richten unsere Häuser ein und wir kümmern uns um unsere Autos. Wir widmen vielen leblosen Objekten in unserem Leben mehr Aufmerksamkeit als dem Wohlergehen unseres Geistes, durch den wir uns inspiriert und lebendig fühlen und ein direktes Gefühl für das Heilige und Zeitlose haben.

Ob man spirituell oder religiös ist oder nicht, wir alle fühlen uns vom Heiligen angezogen – von der Verbindung zu einer geheimnisvollen Qualität, die unter der Oberfläche unserer normalen bewussten Aufmerksamkeit liegt. Es ist nicht so, dass wir nach dem Heiligen suchen müssen in dem Sinne, dass es sich irgendwo versteckt. Das Heilige ist nicht verborgen. Es ist der Boden, auf dem unser ganzes Leben stattfindet. Dieser Boden ist von enormer Tragweite. Wir können uns ihm eher über ein Gefühl als über eine Definition annähern, ein Gefühl von etwas Tiefgründigem und Geheimnisvollem. Dies ist es, was uns die Meditation, die Kunst des tiefen inneren Zuhörens, erschließt.

Wenn ich Meditation lehre, gehe ich nicht nur darauf ein, was wir tun, sondern schildere auch die Grundlagen für diese Praxis des Zuhörens. Wir können die Meditation als eine Form des spirituellen Suchens betrachten, des Suchens nach etwas, von dem wir glauben, dass es uns fehlt, oder als Versuch, uns irgendwie zu vervollständigen. Doch die Meditation beginnt mit der Anerkennung dessen, was bereits vorhanden ist, statt mit der Suche nach dem, was nicht vorhanden ist oder von dem wir uns vorstellen, dass es nicht vorhanden ist. Eines der Dinge, die ich Menschen rate, wenn sie sich hinsetzen und meditieren, ist, sich eine Frage zu stellen: *Stimmt es eigentlich, dass der Frieden, die Stille und die Ruhe, nach denen ich suche, hier und jetzt noch nicht vorhanden sind?*

Wenn du im Zustand des Zuhörens und des Einlassens auf etwas anderes als eine gedankliche Antwort bist, können in diesen wenigen Sekunden, nachdem du die Frage gestellt hast, dein Körper und dein Bewusstsein spüren, dass es einen bereits bestehenden Zustand der Ruhe und des Friedens gibt und dass das Bewusstsein selbst bereits anwesend ist. Dein Verstand ist möglicherweise nicht in der Lage, Bewusstsein zu verstehen, da er es nicht erfassen, definieren, sehen oder berühren kann. Doch die bloße Tatsache, dass du (zum Beispiel) die Stimme von jemandem hören kannst, ist nur möglich aufgrund des bereits bestehenden Bewusstseinszustands, der gerade jetzt aktiv ist. Allein das Stellen dieser Frage macht auf diesen bereits bestehenden Zustand der Ruhe, des Friedens und der Leichtigkeit aufmerksam. Es lenkt unsere Aufmerksamkeit spontan und intuitiv auf das Bewusstsein, das im Hintergrund jeder Erfahrung steht.

Deshalb nenne ich Meditation „die Kunst des Zuhörens" – nicht mit deinem Verstand oder deinen Ohren, sondern mit deinem ganzen Wesen. Unsere Körper – der physische ebenso wie der feinstoffliche – sind außerordentlich empfindliche vitale Organismen. Dieser Organismus ist es, den wir in der Meditation verwenden. Ich sehe Meditation nicht nur als die Kunst des tiefen Zuhörens, sondern auch als die Kunst, das anzuerkennen, was immer schon vorhanden ist. Wenn wir nicht anerkennen, was vorhanden ist, werden wir versuchen, das zu suchen und zu produzieren, was wir uns als nicht vorhanden vorstellen. Wir müssen aufhören, nach etwas zu suchen und etwas zu verfolgen, auch wenn dieses etwas die Stille des Geistes und der innere Frieden ist. Wir müssen aufhören, nach diesen Dingen zu streben, als ob sie in unserer gegenwärtigen Erfahrung fehlen. Sie fehlen nicht nur nicht, sondern sie sind sogar die eigentliche Grundlage unserer aktuellen Erfahrung.

Diese Form der Meditation kann eine radikale Veränderung gegenüber der Art und Weise sein, wie viele Menschen meditieren. So war es für mich. Es überraschte mich, als ich endlich bemerkte, dass vieles, wonach ich in meiner Meditation suchte, bereits vorhanden war. Als ich mich eines Tages hinsetzte, um zu meditieren, beobachtete ich, dass bereits bevor ich versuchte, mir bewusst zu werden, Bewusstsein vorhanden war, und dass bereits bevor ich versuchte, mich niederzulassen und friedlich und still zu sein, ein Zustand des Friedens und ein Gefühl der Stille vorhanden waren. Ich erkannte, dass viele der Eigenschaften, die ich in der Meditation suchte, bereits vorhanden waren. Das war ein Schock für mich. Es war, als wäre ich mein ganzes Leben lang arm gewesen und hätte eines Tages die Hände in die Taschen gesteckt, um festzustellen, dass sie voller Geld waren. Ich war unermesslich reich! Ich hatte angenommen, dass ich arm war und deshalb nie meine Taschen überprüft. Ich hatte versucht, Reichtum von außen zu bekommen, aber ich wusste nicht, dass ich ihn bereits in mir hatte.

Dies ist Teil der Meditation, die ich lehre: anerkennen, was vorhanden ist, anstatt zu suchen, was wir uns als nicht vorhanden vorstellen. Das ist ein großer Unterschied zu der Art und Weise, wie die meisten Leute meditieren. Es spricht auch einen der Gründe an, warum so viele Menschen Meditation als frustrierend empfinden: Ihr Geist scheint zu sehr beschäftigt zu sein, und sie haben Schwierigkeiten, sich niederzulassen und zuzuhören. Wenn wir jedoch zunächst anerkennen, dass das Bewusstsein bereits vorhanden ist, herrscht ein Gefühl der Ruhe oder des Friedens, bevor wir überhaupt danach suchen. Diese Eigenschaften sind bereits der Hintergrund unserer bewussten Erfahrung, aber wir sind so sehr mit unserem Tun beschäftigt, dass wir es nie bemerken. Es gibt ein Tun, in das wir verwickelt sein könnten. Das ist die aktive Meditation selbst. Die Meditation wird zu einer anderen Form des Suchens nach etwas, ein Versuch, den notorisch unerfüllten Ego-Geist zu befriedigen.

Bewusstsein ist immer vorhanden, selbst wenn dein Geist unablässig schwätzt. Genauso wie meine Stimme Geräusche erzeugt, erzeugen die Gedanken in deinem Geist einen inneren Klang, aber sie geschehen in der

Stille des Bewusstseins. Nimm dir einen Moment Zeit, um das zu fühlen, zu spüren und diese Hintergrundstille zu hören. Dieses Bewusstsein der Ruhe kann sehr flüchtig sein, und bald fängt deine Aufmerksamkeit an zu wandern. Das macht nichts. Selbst wenn deine Aufmerksamkeit wandert, bist du dir immer noch der Gedanken innerhalb des Bewusstseins gewahr. Wenn dies nicht der Fall wäre, würdest du nicht einmal wissen, dass es einen Gedanken gab.

Meditation ist nicht die Kunst, nicht zu denken – das ist ein oft geäußerter Irrtum in Bezug auf Meditation. Es ist die Kunst, auf das zu hören, was bereits nicht denkt. Es ist der Raum, in dem Gedanken auftreten, und die Stille, in der das Geräusch des Geistes mit sich selbst plaudert. Anstatt zu versuchen, deinen Geist zu kontrollieren, ihn zu beruhigen oder ihn zu einem bestimmten Gedanken zu bewegen, macht die Meditation Gedanken irrelevant. Sie sind ein weiteres Geräusch. Selbst wenn dieses Geräusch des Geistes auftritt, geschieht es in einem ruhigen Bewusstsein oder Gewahrsein.

Gewahrsein und Stille sind die intimsten und offensichtlichsten Merkmale des Bewusstseins. Wir tun gut daran, zu erkennen und zu bemerken, was vorhanden ist, anstatt ständig nach dem zu suchen, was nicht vorhanden ist. Was immer schon vorhanden ist, ist immer schon vorhanden. Das bedeutet, dass es nicht von dir getrennt ist. Es ist nichts anderes als du. Es ist nicht etwas, das nicht jetzt und immer schon geschieht. Wenn wir nach etwas suchen, von dem wir uns vorstellen, dass es nicht da ist, das wir uns als fehlend vorstellen, spricht der denkende Verstand mit sich selbst darüber, was er glaubt tun zu müssen. Ein Verstand, der sagt: „Ich muss meine Gedanken beruhigen“, macht immer noch ziemlich viel Lärm, und ein Verstand, der sagt: „Ich bin nicht gut darin“ ebenfalls. Das bloße Bewusstsein hat jedoch kein Interesse, sich mit dem Geist zu streiten. Es ist nur der denkende Verstand, der sich mit sich selbst streitet und deine Gefühle aburteilt. Doch selbst diese Auseinandersetzung ist etwas, das im Bewusstsein stattfindet.

Es ist nützlicher und sicherlich einfacher, sich Meditation als die Kunst vorzustellen, das anzuerkennen, was bereits vorhanden ist. Dies kann dir gelingen, wenn du in Meditation sitzt. Was großartig ist: Du kannst es jederzeit tun. Es dauert nur wenige Sekunden, um zu bemerken, dass Bewusstsein und Stille immer schon der Hintergrund jeder Erfahrung sind. Beginne mit kleinen Momenten der Meditation – zehn Sekunden, fünfzehn Sekunden – und wiederhole sie tagsüber. Nimm dir nichts weiter vor als diese Praxis der Anerkennung für zwei, zehn, zwanzig, fünfundzwanzig Sekunden, wieviel auch immer. Verwandele sie nicht in einen inneren Streit und verwandele sie nicht in etwas, das frustrierend ist oder dir das Gefühl gibt, du schaffst es nicht. Diese kleinen Momente der Meditation können verändern, was du wahrnimmst. In gewissem Sinne veränderst du dein Bewusstsein, öffnest dich und fängst an zu beobachten, zu fühlen und zu spüren – empfänglich zu werden für das Heilige und Zeitlose. Ob du zum ersten Mal auf diese oder jene Weise zu praktizieren beginnst, das Heilige und das Zeitlose sind immer schon präsent. Wir müssen uns nur einen Moment Zeit nehmen, um es zu bemerken, und genau das ist Meditation.

Wenn das Universum sich selbst betrachtet …

… sieht es nichts.

Wer kennt nicht die Erfahrung, in den Nachthimmel zu schauen? Wenn wir in die Weite des Raums blicken und das unglaubliche Geheimnis betrachten, dann wird unsere Vorstellung angeregt und wir fragen uns, wie all dies geschaffen wurde, wie es funktioniert und wohin es geht. Es gibt so viele Fragen, die unbeantwortet bleiben. Das ist das Schöne, selbst bei wissenschaftlichen Untersuchungen: Wenn wir eine Wahrheit finden, bringt sie zehn andere Dinge ans Licht, von denen wir nicht wussten, dass wir sie nicht wussten. Wissen hat diesen Effekt. Es ist wunderbar und befriedigend, bestimmte Dinge über die Natur des Kosmos zu verstehen.

Wenn wir mit Aufmerksamkeit in die Welt schauen, bekommen wir ein natürliches Gefühl von Ehrfurcht. Wir sind alle hier auf diesem winzigen Planeten, der in einem riesigen und expandierenden Meer aus Zeit und Raum schwimmt. Wir sind winzige Wesen, aber begabt mit Bewusstsein. Wenn wir tief in diesen Raum schauen, sehen wir vieles. Doch wir haben noch keine andere Intelligenz mit Fähigkeiten gefunden, die denen des Menschen entsprechen oder darüber hinausgehen.

Von allen Orten, an denen wir sein könnten, von allen Wesen, die wir sein könnten, ist es bemerkenswert, dass wir in gewissem Sinne die Augen und Ohren und die Kontemplationsfähigkeit des Universums sind. Das Bewusstsein gibt uns diese einzigartige Möglichkeit, nicht nur bewusst zu sein, sondern auch *dessen bewusst zu sein, dass wir uns bewusst sind.* Wir können darüber nachdenken, über Dinge nachzudenken, und so geschieht es, dass der Kosmos über sich selbst nachdenkt. Wenn wir unsere

Betrachtung auf dieses unglaubliche Geheimnis, auf spirituelles Erwachen oder auf die Offenbarung selbst richten, zeigt dies, dass wir – im tiefsten Sinne der Dinge – selbst das Geheimnis sind, das wir betrachten.

Der spirituelle Impuls – der Impuls, der uns motiviert, antreibt und inspiriert, zur tieferen Natur der Realität zu erwachen – hat ein menschliches Element. Als Menschen suchen wir nach dieser Erkenntnis, sei es aus dem Streben nach Glück oder Liebe oder nach einer Erleichterung vom Leiden. Doch der wahre Antrieb des Erwachens liegt im Leben selbst. Dieser Impuls geht über das Menschliche hinaus: Er kommt aus dem Leben oder der Existenz selbst, die sich ihrer bewusst werden und sich selbst erkennen will. Wenn mein Gespräch über diese Fähigkeit des Bewusstseins, sich selbst zu erkennen, etwas zu kosmisch klingt, kann ich das durchaus verstehen. Doch wenn du für einen Moment still bist, wirst du feststellen, dass es das einfache Gefühl des Seins gibt – das Gefühl von „Ich existiere" ist bereits da, bevor du die Worte „Ich existiere" bildest. Noch bevor das Denken dieses Seinsgefühl definieren kann, gibt es ein Gefühl der Existenz und ein Gefühl des Wissens um die Existenz. Das ist Bewusstsein und wozu Bewusstsein uns fähig macht.

Stell dir vor, wir hätten kein Bewusstsein, wir wären Roboter und würden eine Reihe von Ursachen und Wirkungen auf biologischer, psychologischer und emotionaler Ebene mechanisch ausspielen, aber wir hätten kein Gefühl für unsere Existenz. Es ist unmöglich, sich das Fehlen von Bewusstsein vorzustellen, denn um dies zu tun, muss man Bewusstsein haben. Womit soll man sich sonst etwas vorstellen? Dass wir überhaupt etwas über unsere subjektive Lebenserfahrung sagen können, ist bereits ein Nachweis für Bewusstsein.

Dies ist einer der wunderbaren Aspekte der kontemplativen Dimension unseres Lebens, in der wir Zeit damit verbringen, nach innen zu schauen und still zu werden. Es bringt uns in Kontakt mit dem Mysterium der Existenz – nicht nur mit dem Mysterium von Galaxien und Sternen und anderen Dingen, die weit weg zu sein scheinen, sondern auch mit dem Mysterium alltäglicher Dinge. Wir verlieren den Kontakt zum Mysterium des Lebens, zur Ehrfurcht, die uns ein Gefühl von Vitalität und Engagement vermittelt. Es ist leicht, sich in Details zu verfangen. Es scheint so viele Details, so viele Gadgets zu geben, um die Details im

Auge zu behalten, dass es ein Einfaches ist, die ganze Zeit über beschäftigt zu sein, selbst wenn wir nicht beschäftigt sein müssen.

Es ist mir seit einigen Jahren aufgefallen, dass es in einer Hinsicht kaum Unterschiede zwischen Erwachsenen und Babys gibt: Wenn du die Aufmerksamkeit eines Kleinkindes auf dich ziehen möchtest, hältst du etwas Helles, Funkelndes und Buntes über das Kinderbett. Das Kind wird sofort fasziniert hinschauen und sich von dem Gegenstand seiner Betrachtung unterhalten lassen. Wir Erwachsenen machen dasselbe mit unseren Smartphones. Unsere hellen, glänzenden, kleinen Geräte haben durchaus praktische Verwendungsmöglichkeiten, was sie für die meisten Menschen unentbehrlich macht. Infolgedessen ist es leicht, sich den ganzen Tag über ablenken zu lassen und sich mit Texten oder E-Mails zu beschäftigen, oder was auch immer getan werden muss. Das Tempo des zeitgenössischen Lebens kostet uns die kontemplative Dimension. Wir haben keine Zeit mehr uns hinzusetzen, in den Nachthimmel zu schauen und über das Mysterium nachzudenken, das wir sind und an dem wir teilnehmen.

Meine Frau Mukti und ich haben einige Eichen – von denen die meisten weit über hundert Jahre alt sind – auf unserem Grundstück. Jeden Herbst lassen die Eichen ihre Eicheln fallen. Das ist immer wunderbar, weil die Eicheln die Hirsche anlocken. Wir schauen aus dem Fenster, sehen, wie die Hirsche nach den Eicheln suchen, und staunen darüber, dass die unscheinbaren Eicheln die Samen für solch mächtige Bäume sind. Ein kleines Ding, ein Same, ist der Beginn eines dieser erstaunlichen und majestätischen Bäume. Die Vielfalt in der Natur ist für mich ein Wunder. Mit Erstaunen sehe ich, was die Natur zustande bringt und dass es überhaupt etwas gibt, anstatt gar nichts. Es scheint, als wäre alles so viel einfacher, wenn es nichts gäbe – es würde keine Anstrengung erfordern, keine Explosionen, keine schwarzen Löcher, keine Supernovae. Doch es gibt kein „Nichts“. Im Gegenteil, es gibt ein „ziemlich viel“.

Dessen ungeachtet scheint es immer noch viel mehr Nichts zu geben als Etwas in diesem Universum. Heutzutage kratzen sich die Wissenschaftler am Kopf und fragen sich, was es mit all diesem Nichts auf sich hat. Wenn sie es betrachten, erkennen sie: „Dieses Nichts ist nicht Nichts! Dieses Nichts ist Etwas.“ Das „Nichts“ übt die Gravitationskraft aus. „Nichts“ entpuppt sich als nicht Nichts. Wissenschaftler wissen nicht einmal, was das Nichts ist. Sie nennen es „dunkle Materie“, eine gruselige Art zu sagen, dass das Nichts, das da ist, etwas ist, aber wir nicht wissen, was es ist. Es ist uns ein Rätsel.

Wenn dich jemand fragt: „Wie ist es, in der Welt zu leben, in der du lebst?", denkt man vielleicht zuerst an die Welt, die Menschen geschaffen haben. Unsere Kreationen sind beeindruckend und gleichzeitig eine Katastrophe. Aber verglichen mit dem Geheimnis der Existenz? Die einfachsten Dinge sind außerordentlich mysteriös, wenn wir ihnen nur etwas Aufmerksamkeit schenken. Und nicht nur Dinge, sondern auch Menschen – unsere Liebhaber, Freunde, Kinder. Wenn wir richtig hinsehen, wenn wir eine Person mit etwas mehr Tiefgang betrachten, wird es nicht lange dauern, bis wir feststellen, wie mysteriös sie ist.

Mukti und ich sind seit mehr als zwei Jahrzehnten verheiratet, und in gewisser Weise haben wir uns im Laufe der Jahre immer besser kennengelernt, was ein schöner Teil davon ist, das Leben mit jemandem zu teilen. Während wir uns jedoch besser kennengelernt haben, ist mir aufgefallen, dass sich gleichzeitig das Mysteriöse im anderen stärker offenbart. Ich finde, das ist ein faszinierender Teil jeder menschlichen Beziehung: Wenn wir aufmerksam sind, sehen wir, was für ein erstaunliches Geheimnis jeder Mensch ist. Selbst bei Menschen, von denen wir glauben, dass wir sie so gut kennen, dass wir ihr Verhalten vorhersagen können, dass wir zu wissen meinen, was sie interessiert oder was sie nicht interessiert – selbst dann, wenn wir unter die Oberfläche schauen können, ist das Leben voller Geheimnisse. Wenn wir den Kontakt zu diesen Geheimnissen verlieren, sterben wir ab. Wir sind wie betäubt, wenn wir diese Verbindung mit dem absoluten Geheimnis der Existenz verlieren. Spiritualität ist die Erforschung dieses Geheimnisses.

Es gibt jedoch einen Unterschied zwischen dem Wissen, das wir in den wissenschaftlichen Disziplinen erwerben, und dem Wissen, das wir durch Kontemplation erhalten. Das Wissen, das wir durch die Wissenschaften erhalten, nennen wir objektives Wissen, und das Wissen, das wir in der Spiritualität suchen, subjektives Wissen. Die Neuronen, Elektronen und Synapsen in deinem Gehirn, die Funktionsweise deiner Körperchemie und deine Biologie – das ist objektives Wissen. Doch dich selbst kannst du nicht wie ein wissenschaftliches Projekt behandeln. Deshalb wird in der Spiritualität so viel Wert darauf gelegt, bewusst zu sein, präsent zu sein und in deine Natur zu sehen. Du siehst in die Natur deiner Subjektivität. Du siehst die Natur des Bewusstseins selbst. Das ist eine andere Art von Forschung. Die Spiritualität ist ein Weg, direkt in die subjektive Erfahrung des Seins einzutauchen.

Dies ist die Nuss, die wir in der Spiritualität knacken: dem Geheimnis deines eigenen Wesens durch Kontemplation, Hinterfragung und Neugierde auf den Grund zu gehen. Richtig verstandene Spiritualität ist die Wissenschaft der subjektiven Erfahrung. Aber selbst wenn wir diese Wissenschaft ausüben, können wir uns so sehr auf das Ziel und das, was wir erreichen wollen, versteifen – den Seinszustand, den wir erreichen wollen –, dass uns das Geheimnis unseres Seins und die mysteriöse Existenz des Bewusstseins entgehen. Wir sind so beschäftigt, uns selbst zu reparieren oder etwas zu erreichen, dass wir nicht langsam genug werden, um die mysteriöse Natur unserer eigenen Existenz, die mysteriöse Natur des Seinsgefühls und das Gefühl des „Ich bin" zu ergründen. Es ist ein Wunder, dass wir uns überhaupt bewusst sind, dass wir existieren. Bisher haben wir das anderswo im Universum nicht gefunden. Vielleicht gelingt uns das eines Tages, aber das wissen wir nicht.

Je mehr wir unsere eigene Natur untersuchen und je mehr wir nach einem Selbst suchen, desto weniger finden wir es. Wenn wir nach innen schauen, um unser wahres Selbst, unsere wahre Natur zu finden, ist das erste, was passiert, dass wir kein Selbst finden. Wir finden diese Pseudoentität nicht, selbst wenn es sich nur um eine psychologische Funktion handeln sollte. Stattdessen finden wir einen Prozess – einen Prozess des Bewegens von Gedanken und Gefühlen und Emotionen, die diese Gedanken erzeugen. Wenn wir jeden einzelnen Gedanken oder jedes einzelne Gefühl betrachten, werden wir sehen, dass wir in ihnen kein Selbst finden können. Wir können den Gedanken finden, aber wir können das Selbst nicht finden, das den Gedanken hat. Wir können ein Gefühl finden, aber was genau ist das „Ich", welches dieses Gefühl hat?

Wie ernst du die Hinterfragung nimmst, welche genauen Schritte du dazu unternimmst, bestimmt die Wirksamkeit jeder spirituellen Disziplin. Manchmal erlauben wir uns in der Spiritualität zu viel Ungenauigkeit. Wir denken über die Natur unseres Seins nach und jemand fragt uns: „Nun, was hast du herausgefunden? Wo ist denn nun der Grund deines Seins? Wir sind vage und verwirrt, wenn es darum geht, dies in Worte zu fassen. Manchmal sind wir sogar vage und verwirrt, wenn es darum geht, unsere Erfahrung zu untersuchen oder unser Bewusstsein zu erforschen. Ein Teil dessen, was jeder spirituellen Disziplin ihre Kraft verleiht, ist unsere Fähigkeit, präzise und nicht willkürlich hinzuschauen.

Wo ist denn nun die Natur meines Seins? Wo ist dieses Selbst? Was genau ist es? Existiert es überhaupt? Wenn ich kein Selbst bin, was bin ich dann? Diese Fragen sollen keine schnellen Antworten haben. Sie sollen deinen Geist und dein Bewusstsein öffnen, damit du Geist und Bewusstsein direkter und inniger erleben kannst. Egal wohin wir schauen – vom Allergrößten bis zum Allerkleinsten – wenn wir wirklich aufmerksam sind, können wir nicht anders, als die Ehrfurcht und das Wunder der Existenz zu erfahren. Diese Ehrfurcht und dieses Wunder der Existenz sind die Triebkraft unserer spirituellen Sehnsucht. In einem tieferen Sinne besteht die inhärente Neigung des Lebens darin, sich seiner selbst voll bewusst zu werden: Das Gefühl, sich danach zu sehnen oder geistig dazu angetrieben zu werden, ist ein Wunsch, der zu einem Leben gehört, das sich seiner selbst bewusst sein will – vollständig wach und vollständig präsent. Hier entsteht der spirituelle Impuls, an einem Ort, der noch tiefer ist als unsere persönlichen Anliegen, tiefer als das, was wir uns erhoffen oder was wir von unserer Spiritualität erwarten.

Mit anderen Worten, es gibt ein anderes Spiel, das in einem völlig anderen Maßstab gespielt wird, und zwar durch das Leben selbst, durch diese Unermesslichkeit, die versucht, so selbstbewusst wie möglich zu werden. Das ist deine Verbindung zum Mysterium, und das ist der Ursprung der kosmischen Neugier, ob es sich um die Neugier über die Unermesslichkeit des Kosmos handelt, in dem wir uns befinden, oder um die Unermesslichkeit des Bewusstseins, das wir sind. Sich mit diesen Dingen zu beschäftigen ist sehr wichtig. Es ist der Grund, warum jede Form tiefer Spiritualität die Fähigkeit betont, aufmerksam zu sein und nicht mit dem Autopiloten durchs Leben zu treiben. Eines der größten Potenziale der spirituellen Praxis ist, uns aus dem Autopilot-Modus herauszuführen, vorausgesetzt wir stellen es richtig an. Die spirituelle Praxis macht uns bewusst, was geschieht, wer wir sind, was wir sind und wie bemerkenswert und unergründlich diese Welt und unser Sein ist. Das Bewusstsein selbst ist ein Wunder – wie alles lebendig wird und wie alles vom Bewusstsein beseelt ist. Dass es ein Bewusstsein des Bewusstseins gibt, ist höchst rätselhaft.

Bis hin zu den scheinbar gewöhnlichsten Ereignissen im Leben ist alles viel außergewöhnlicher als wir glauben. Um uns mit unserer eigenen wahren Natur auseinanderzusetzen – mit der mysteriösen und überwältigenden Qualität der Existenz – müssen wir darauf achten, präsent zu sein und nicht den nächsten Moment, den nächsten Tag, die nächste Woche und das nächste Jahr zu verschlafen. Wir müssen uns bemühen, jedem Moment ein noch tieferes Bewusstsein und Gewahrsein zu verleihen. Wenn wir das tun, verändert die Qualität unseres Bewusstseins selbst unser ganzes Wesen.

Es ist eine unglaubliche Erfahrung, ins Freie zu gehen, zum Himmel aufzublicken und die überwältigenden Entfernungen zu betrachten, aus denen dieses Universum besteht, zu dem wir gehören und zu dessen Bewusstsein wir erwachen. Wenn wir über das Universum nachdenken, sind wir das Universum, das über sich selbst nachdenkt, und das kann der wunderbarste und außerordentlich tiefgreifende Aspekt unseres ganzen Lebens sein.

Des Bewusstseins bewusst

Es ist gut möglich, dass ich nicht bin,
was ich dachte.

Wie ich bereits angedeutet habe, stammt ein großer Teil unseres spirituellen Impulses aus dem Leben selbst. Jeder Mensch hat seine eigenen Hoffnungen und Träume. Doch wenn wir unsere Erwartungen an die Spiritualität einmal beiseitelassen, dann können wir entdecken, dass auf einer viel tieferen, grundlegenden Ebene, das Leben oder die Existenz sich ihrer selbst bewusst und gewahr zu werden sucht. Dies ist der Antrieb der Spiritualität, und in einem anderen Sinne ist es auch der Antrieb der wissenschaftlichen Grundlagenforschung. Wissenschaft ist die Art und Weise, wie sich das Universum objektiv, als Objekt oder als eine Reihe von Objekten erforscht, und Spiritualität ist die Art und Weise, wie sich das Leben subjektiv betrachtet. Über die Natur des Bewusstseins nachzudenken bedeutet, über die subjektivste Erfahrung des Seins nachzudenken.

Das Wort „subjektiv" ist nicht unbedingt ein Kompliment. Wenn du sagst, jemand sei subjektiv, bedeutet dies, dass die Person in einem bestimmten Blickwinkel gefangen ist und nicht darüber hinaussehen kann. Dieser Aspekt des Wortes „Subjektivität" trägt oft eine negative Konnotation. Doch die Art und Weise, wie ich hier „subjektiv" benutze, ist weder positiv noch negativ, sondern völlig neutral, sachlich. Spirituelle Disziplinen sind eine Möglichkeit, unsere subjektive Erfahrung des Seins zu erforschen. Wenn du dich nach innen wendest, wenn du meditierst, versuchst du, dein subjektivstes Seinsgefühl zu wecken.

Es gibt direkte und indirekte Wege, dies zu tun, aber ich neige eher zum direkten. Die Schwierigkeit ist dabei, dass es eben nicht kompliziert ist. Es wäre wahrscheinlich viel einfacher, wenn es kompliziert wäre, weil es unseren vielbeschäftigten Köpfen viel mehr zu tun geben würde. Aber dem ist nicht so. Wenn ich vom Untersuchen der subjektiven Natur unseres Seins spreche, meine ich damit, mich meiner subjektiven Erfahrung zuzuwenden. Mit „subjektiver Erfahrung des Seins" meinen wir normalerweise das, was wir denken, was wir fühlen, unsere Meinungen oder unsere Überzeugungen. Denken, Fühlen und Erleben sind jedoch letztendlich nicht wirklich subjektiv, zumindest nicht in dem Sinne, wie ich diese Begriffe benutze. Sie sind nicht die subjektivste Erfahrung des Seins, weil unsere Gedanken und Gefühle im bewussten Gewahrsein entstehen, eine gewisse Zeit existieren und dann wieder vergehen. Aber wir haben eine Erfahrung des Bewusstseins, die über unser Denken und Fühlen hinausgeht.

Wenn wir beginnen, die Natur unseres Bewusstseins zu erforschen, ist das Bewusstsein bereits da. Im jetzigen Moment ist das Bewusstsein da. Wir müssen nichts tun, um Bewusstsein zu schaffen. In gewissem Sinne ist es gewiss förderlich zu versuchen, Bewusstsein zu schaffen, mehr Bewusstsein zu schaffen und besonders achtsam zu sein. Eine direktere Art achtsam zu sein besteht darin, die Gegenwart des Bewusstseins und des Gewahrseins sowie die Tatsache, dass diese bereits aktiv sind, anzuerkennen. Sie sind jetzt vorhanden. Deswegen kannst du diesen Text lesen. Das ist der Grund, warum du fühlen kannst, was immer du über das Bewusstsein fühlst, und denken kannst, was immer du darüber denkst – Bewusstsein macht das möglich.

Einer der Fehler, den Menschen machen, wenn sie ein tieferes Verständnis oder eine direktere Erfahrung des Bewusstseins suchen, besteht darin, nach Bewusstsein zu suchen, als ob es ein Gedanke wäre oder als ob sie eine bessere Definition von Bewusstsein bräuchten. Sie suchen danach, als wäre es ein Objekt, aber Bewusstsein ist kein Objekt. Es ist deine subjektivste Erfahrung im Sein. So wie dein Augapfel sich selbst nicht sehen kann, kann sich das Bewusstsein nicht zum Objekt der Wahrnehmung machen, weil es immer das ursprüngliche Subjekt ist.

Wenn wir der Natur unseres Bewusstseins auf die Spur kommen wollen, ist der erste Impuls, nicht zu versuchen, es gedanklich zu verstehen, denn wir müssen tiefer gehen. Das Denken ist nicht unsere subjektivste Erfahrung des Seins, obwohl viele Menschen davon ausgehen, da ihre einzige Selbsterfahrung ein unaufhörliches, unruhiges Nachdenken über sich selbst ist. Es stellt sich jedoch bei genauem Hinsehen heraus, dass all diese Gedanken Objekte sind, die dem Bewusstsein und dem Gewahrsein erscheinen.

Das Objekt und unsere Erfahrung sind das, was ich manchmal die „Inhalte“ nenne. Vereinfacht gesagt gibt es die Inhalte unserer Erfahrung durch die Sinne – was wir sehen, schmecken, berühren, fühlen, denken und uns vorstellen, all dies sind die Inhalte unseres Bewusstseins – und dann gibt es den Kontext, in dem alle Gedanken, Gefühle, Emotionen und Wahrnehmungen stattfinden. Der Kontext selbst ist kein Gedanke oder Gefühl, sondern der Raum und das Bewusstsein, in dem Gedanken und Gefühle entstehen. Wenn du in die spirituelle Praxis einsteigst und darauf wartest, dass eine großartige Erfahrung eintritt – eine Erfahrung, die den Höhepunkt aller Erfahrungen darstellt –, bist du von den Inhalten besessen und von dem, was irgendwann in deinem Bewusstsein erscheint oder erscheinen könnte. Was auch immer jetzt oder zu einem anderen Zeitpunkt in deinem Bewusstsein erscheinen kann, wird auch wieder vergehen. Alles, was in deinem Bewusstsein erscheint, ist gewissermaßen in Bewegung. Es ist nicht statisch, denn nichts hält lange an, und es ist nicht ewig. Das liegt im Wesen der Inhalte.

Buddha hätte gesagt, dass Inhalte unbeständig sind, aber wir greifen ständig nach den Inhalten. Gedankenmenschen glauben, dass sie durch die richtigen Denkweisen, die richtigen Gedankenketten oder das richtige intellektuelle Verständnis gerettet werden, und suchen daher endlos nach einem noch subtileren, klareren begrifflichen Verständnis. Gefühlsmenschen neigen eher zur Spiritualität und suchen in ihr nach der richtigen Erfahrung oder dem richtigen Gefühl. Ihre Suche findet auf der Ebene von Gefühlen und Emotionen statt, aber Gefühle und Emotionen sind ebenfalls Dinge, die im Bewusstsein entstehen.

Die Natur des Bewusstseins zu erforschen ist schwierig, gerade weil es so einfach ist. Wir sind es gewohnt, nach Objekten unserer Erfahrung zu suchen oder eine Erfahrung zu antizipieren, aber wenn wir die Natur des Bewusstseins betrachten, sehen wir, dass Bewusstsein das verbindende Element aller Erfahrung ist. So etwas wie eine Erfahrung oder eine Wahrnehmung, die dir nicht bewusst ist, gibt es nicht, denn es gibt immer das Element des Bewusstseins. Die Natur des Bewusstseins zu erforschen ist etwas anderes als die Natur des Denkens zu erforschen – obwohl ich hier

Wörter verwende, und obwohl Wörter Symbole für Gedanken sind. Für die Erforschung der Natur des Bewusstseins muss das Bewusstsein sich selbst reflektieren. Es geht nicht um die Suche nach dem „richtigen" begrifflichen Verständnis und nach der „richtigen" Erfahrung – obwohl viele spirituelle Suchende in der Suche nach dem optimalen Verständnis oder der optimalen Erfahrung stecken bleiben.

Das Bewusstsein ist der Kontext, in dem alle Erfahrungen und jedes Verständnis stattfinden. Bewusstsein geht über Verständnis oder Denken hinaus, und es geht auch über Erfahrung hinaus. Dies kann für viele Menschen verwirrend sein, da wir darauf konditioniert sind, das Bewusstsein immer relativ zu Verständnis oder Erfahrung zu erfassen. Wir erfassen zwar die Inhalte, aber es entgeht uns der Kontext. Der Kontext jeder Erfahrung und jeder Wahrnehmung ist das Bewusstsein, das Gewahrsein selbst.

Du musst Bewusstsein oder Gewahrsein überhaupt nicht verstehen. Das ist nicht notwendig, denn das Bewusstsein funktioniert immer, ob du es verstehst oder nicht. Wir beginnen mit einer Feststellung: *Ob ich es verstehe oder nicht, das Bewusstsein ist in diesem Moment präsent. Bewusstsein ist präsent und Gewahrsein ist präsent.* Wenn wir das Element der Kontemplation hinzufügen, fügen wir eine Hinterfragung hinzu. Wenn wir die Natur des Bewusstseins erforschen, erforschen wir auch unsere eigene Natur, die Natur dessen, was wir sind. Dazu gehört, dass wir uns immer wieder neu auf das Bewusstsein selbst fokussieren, statt auf seine Inhalte. Was uns dabei hilft, ist die Unterscheidung zwischen Inhalt und Kontext: Der Kontext ist Bewusstsein oder Gewahrsein selbst, und der Inhalt ist alles andere. Wenn du diese einfache Unterscheidung zwischen den beiden triffst, beginnst du, ein klares, tiefes Wissen über das Bewusstsein zu erwerben, weil du nicht an den Inhalten hängen bleibst.

Der Versuch, das Bewusstsein zu begreifen, ist wie der Versuch, den Raum zu begreifen. Bewusstsein oder Gewahrsein ist eben so. Ich vergleiche es mit dem Raum, den du nicht greifen kannst, weil es nichts zu greifen gibt. Es ist eine Art Licht, aber ich meine kein Licht, das du sehen kannst. Das sichtbare Licht macht es unmöglich, das Licht des Raums zu sehen. Wenn du länger als eine Minute das Bewusstsein verlieren würdest, würde sich das Bewusstsein von irgendetwas langsam und allmählich auflösen. Wenn Bewusstsein oder Gewahrsein verschwinden würden, gäbe es keine Erfahrung von irgendetwas. Es würde nicht einmal die Erfahrung eines Nichts oder von Leere geben. Wenn es kein Bewusstsein gibt, kein Gewahrsein, dann gibt es auch keine Erfahrung von irgendetwas.

Dieses Bewusstsein macht unsere gesamte Erfahrung des Seins möglich, weil Bewusstsein unsere gesamte Erfahrung des Seins im wahrsten Sinne des Wortes *ist*. Wenn du dies liest, bist du bewusst. Bewusstsein und Gewahrsein sind aktiv. Du musst nicht versuchen, etwas zu tun, um bei Bewusstsein zu sein. Du brauchst nicht danach zu streben, bewusster oder gegenwärtiger zu werden, sondern einen Prozess der Anerkennung des Bewusstseins und der Anerkennung des Gewahrseins. Es ist hier. Was wir tun, ist ein Gefühl dafür zu bekommen, wie sich Bewusstsein und Gewahrsein anfühlen, könnte man sagen, obwohl Bewusstsein und Gewahrsein jenseits des Fühlens liegen, weil alle Gefühle nur Dinge sind, die entstehen, eine Weile bleiben und wieder vergehen.

Wenn wir uns des Bewusstseins und des Gewahrseins bewusster werden, beginnen wir, die Dinge intuitiv zu fühlen. Dies ist der Weg des Körpers, Bewusstsein zu erkennen. Daher mache ich den Vorschlag, die spirituelle Praxis als etwas zu sehen, das dem Versuch dient, herauszufinden, wie Bewusstsein sich *anfühlt*. Wir sitzen mit diesem Gefühl. Wir erkennen, dass das Nachdenken über uns und Beschreiben von uns selbst ein Objekt des Bewusstseins ist. Diese Dinge kommen und gehen, doch du als Bewusstsein bleibst. Jeder Gedanke, jeder Glaube und jede Meinung ist in Bewegung. Sie bewegen sich durch das Bewusstsein und sie bewegen sich durch das Gewahrsein. Daher denkst du sie immer wieder neu, denn alle Begriffe verschwinden so schnell wie sie gekommen sind.

Stell dir vor, der Geist hört auf, Gedanken, Reaktionen, Gefühle und all diese Dinge zu erzeugen. Stell dir vor, er hört für einen Moment damit auf. In diesem Moment verlierst du deine vertrauten Arten, dich selbst zu definieren. Doch selbst wenn all diese vertrauten Bezeichnungen verschwunden sind, gibt es immer noch dieses grundlegende Bewusstsein und ein grundlegendes Gewahrsein. Was du bist, kann auch ohne alle Möglichkeiten, dich selbst zu definieren oder zu beurteilen, existieren, denn was du bist, geht über all diese hinaus. Mit anderen Worten, du existierst immer noch, auch wenn du nicht an dich selbst denkst.

Du existierst nicht in deinen Gedanken. Wenn alle Gedanken in deinem Geist fünf Sekunden lang aufhören würden, wären dies fünf Sekunden, in denen das egoische Selbst nicht existiert, weil das egoische Selbst aus der Bewegung des Denkens und den damit verbundenen Gefühlen und Emotionen besteht, die dein Denken erzeugt. Wenn du nicht an dich selbst denken könntest, würdest du dein gesamtes Selbstgefühl verlieren. Du, wie du bist, würdest nicht verschwinden, aber du, wie du dich dir vorstellst, würde verschwinden.

Wenn du alle Vorstellungen davon, wie du bist – gut, schlecht, gleichgültig – loslässt, kannst du beginnen, den bereits existierenden Seinszustand zu verstehen, der das Bewusstsein selbst und das Gewahrsein selbst *ist.* Dies gehört zur Kontemplation: eine Erforschung der Natur des Bewusstseins und der Natur des Selbst. Es ist eine meditative Handlung – vielleicht spürst du es sogar, wenn du diese Worte liest. Denn um zur Kernnatur des Selbst zurückzukehren, müssen wir über die subjektiven Aspekte des Bewusstseins hinausgehen. Du musst alle Selbstdefinitionen hinterfragen und erkennen, dass das, was du bist, ohne jegliche Definition existiert. Fange an zu verstehen, dass du möglicherweise gar nicht der bist, für den du dich dein ganzes Leben lang gehalten hast. *Ich könnte mich geirrt haben, und alle, die mich kennen, könnten sich ebenfalls geirrt haben. Ich könnte etwas anderes sein, als ich es mir vorgestellt habe.*

Je genauer du hinschaust, desto weiter wird das Spektrum der Möglichkeiten. Wir spüren eine große Möglichkeit, dass wir nichts mit der Person zu tun haben, die wir uns vorgestellt haben, und etwas ganz anderes sind. Du kannst beginnen, ein Gefühl für das Geheimnis deines Seins, deines Bewusstseins zu bekommen und selbst zu sehen, dass Bewusstsein oder Gewahrsein die Vorbedingung und der Kontext sind, in dem alle Erfahrungen und Wahrnehmungen entstehen.

Kontemplation ist von Natur aus eine meditative Handlung, weil sie der einzige Weg ist, wirklich aufmerksam zu sein. Ich meine nicht, dass du nun deine Beine zum vollendeten Lotussitz verknoten musst. Ich meine meditativ in dem Sinne, dass du in die stillen Räume deines Seins eintreten kannst. Die stillen Räume sind nicht schwer zu finden, da die Stille alles ist. Es ist die Atmosphäre, in der alles geschieht. Uns selbst, unser Sein und das Bewusstsein selbst zu betrachten, ist nicht unbedingt so schwer, wie wir es uns vorstellen. Es ist unmittelbarer und direkter, als wir vielleicht denken. Nichts davon ist schwierig, weil es kompliziert ist. Wenn es überhaupt schwierig ist, liegt es daran, dass es so direkt ist und du es nicht im Kopf herausfinden kannst.

Selbst wenn du versuchst, es richtig zu machen und alles korrekt durchdenkst, bist du immer noch in der begrifflichen Dimension verloren. Es gibt Zeiten, in denen die begriffliche Dimension deines Geistes nützlich ist. Der denkende Verstand ist zweifellos ein mächtiges und potenziell kreatives und nützliches Werkzeug. Doch wenn wir die tiefere Natur unseres Seins betrachten, können wir durch unseren Verstand geblendet werden, weil wir das Gefühl haben, wir bestehen aus unseren Gedanken und Selbstdefinitionen und den damit verbundenen Emotionen und Gefühlen.

Doch es geht dabei nicht nur um dich. Es geht um alles und alle. Was wir über jemanden wissen, ist eine Reihe von Informationen – eine Reihe von Vorstellungen, Bildern, Schnappschüssen aus der Vergangenheit, Urteilen in der Gegenwart und Schlussfolgerungen – die alle im Kopf sind und manchmal nützlich sein können, wenn auch nicht so nützlich, wie wir denken. Es geht nicht darum, nur über dich nachzudenken, denn eine tiefe Kontemplation deiner eigenen Natur ist ein Tor zur Natur als Ganzes und zur gesamten Existenz. Echte Kontemplation ist keine egozentrische oder narzisstische Handlung. Im Gegenteil, sie hilft uns, aus unserer narzisstischen Selbstbesessenheit aufzuwachen. Das Selbst, von dem die meisten Menschen besessen sind, ist das Selbst, das in ihrem Denken existiert und nur in ihrem Denken, während sie dafür kämpfen, es schützen, es anderen gegenüber behaupten oder sogar versuchen, eine bessere oder erleuchtete Person zu sein. So nützlich und kraftvoll das Denken auch ist, es hat auch eine Eigenschaft, die das Bewusstsein fast in Trance versetzen kann, wenn wir glauben, dass die ganze Wahrheit einer Sache in der Definition liegt, die wir ihr geben.

Kontemplation ist ein Mittel, um die überlagernden Schichten freizulegen und zu sehen, was sich darunter befindet. Dies ist von Natur aus keine schwierige Sache. Wir müssen nicht tief in unser Bewusstsein gehen, um dies zu tun – überhaupt nicht. Wir müssen nur in der Lage sein, hier und jetzt für die Offensichtlichkeit des Bewusstseins präsent zu bleiben. Die Herausforderung besteht darin, bei dieser einen einfachen Sache zu bleiben. Es ist viel schwieriger, beständig bei einer einfachen

Sache zu bleiben, als auf Komplexität einzugehen. Komplexität kann sehr unterhaltsam sein und dem Geist etwas zu tun geben. Doch die höchste Form der Einfachheit ist es, in direkten Kontakt mit dem Bewusstsein selbst zu kommen. Denn hier gibt es nichts, an dem du dich festhalten kannst. Du kannst Bewusstsein nicht im Gewahrsein erfassen, noch kannst du es verlieren. Du kannst abgelenkt werden und dich von dem nächsten Gedanken oder dem nächsten Gefühl faszinieren lassen, aber selbst dann geschieht all deine Faszination im Bewusstsein, so dass wir niemals das Bewusstsein verlassen.

Für alle, die nach mehr Bewusstsein streben, liegt die Ironie darin, dass sie es nicht verlieren können. Du kannst das Gewahrsein des Bewusstseins verlieren – du kannst bewusst sein, ohne jemals bemerkt zu haben, dass du bewusst bist, ohne jemals darüber nachzudenken oder ohne zu erkennen, was für eine außergewöhnliche und mysteriöse Sache es ist. Der Grund, warum uns das entgehen kann, ist, dass es allgegenwärtig ist und Teil jeder Erfahrung ist. Das Bewusstsein selbst fällt nicht auf. Es sind all die anderen Dinge, die auffallen. Durch Kontemplation über die Natur des Bewusstseins in uns selbst schaffen wir die Voraussetzungen dafür, dass das Bewusstsein erleuchtet wird und sich selbst direkt erkennt, weil das Bewusstsein aus der Identifikation mit seinen Inhalten erwachen kann.

Dies bedeutet nicht, dass mit den Inhalten etwas nicht stimmt. Es ist nicht falsch zu denken oder zu fühlen. Der Versuch, nicht zu denken, ist zum Scheitern verurteilt, und der Versuch, nicht zu fühlen, führt zur inneren Totalverweigerung. Ich ermutige dich nicht, jeden Gedanken, den du jemals hattest, zu verwerfen oder nie wieder etwas zu fühlen. Lediglich die Identifikation mit Gedanken und Gefühlen ist das Problem. Achte einfach darauf, wie du in deinem tiefsten Wesen alles transzendierst, einschließlich deiner stets nach dem Selbst suchenden Gedanken und auf das Selbst bezogenen Emotionen. Du bist bereits vor ihnen da, und sie können und werden wieder vergehen, während du als Bewusstsein bestehen bleibst. Dies direkt zu bemerken, schafft die Voraussetzung für den Blitzschlag der Erkenntnis – in dem sich nicht der denkende Verstand, sondern das Bewusstsein selbst erkennt. Es ist, als ob das Bewusstsein sagt: „Aha! Ich bin in Gedanken verloren. Ich bin in Gefühlen verloren. Ich bin in der Vergangenheit verloren. Ich bin in meinen Vorstellungen von der Zukunft und allen Vorstellungen von mir selbst verloren – und nichts davon definiert, wer ich eigentlich bin." Was für eine Offenbarung! Was für eine große Freiheit, dies zu erkennen. Dies ist das Herzstück der Kontemplation.

Wir müssen uns nicht in einem speziellen, außerordentlichen Bewusstseinszustand befinden, um dies zu erreichen. Dein ganz gewöhnliches Bewusstsein reicht aus, und deine ganz gewöhnliche Erfahrung genügt vollkommen, um zu sehen, dass der Kontext der Erfahrung die Inhalte überdauert. Inhalte kommen und gehen, aber der Kontext bleibt. Was sagt das über dich aus?

Das meine ich mit Kontemplation: etwas genau anzuschauen. Das ist Meditation. Es ist Hinterfragung. Auf diese Weise lernen wir uns anders kennen als jemals zuvor. Auf diese Weise können wir das, was wir „die anderen" und „die Welt" nennen, auf eine Weise erkennen, die wir uns niemals hätten vorstellen können – eine Art und Weise, die nicht von uns getrennt ist. Die Kontemplation des subjektiven Bewusstseins, des subjektiven Selbstgefühls öffnet uns für befreiende Einsichten. Wie viel Zeit verbringen die meisten Menschen in ihrer spirituellen Praxis mit der Modifikation der Inhalte ihrer Erfahrung. Jahr für Jahr suchen sie nach der richtigen Erfahrung und den richtigen Inhalten. Was für eine Überraschung, wenn sie endlich aufwachen und erkennen, dass der Kontext der wichtigste, befreiende Aspekt der spirituellen Kontemplation war. Dies gibt ihnen eine völlig neue Grundlage für ihre Beziehung zu dieser, unserer Welt, für ihre Handlungen und für ihren persönlichen Beitrag. Aufwachen ist keine egozentrische Handlung. Im Gegenteil, es befreit uns von unserer Selbstzentriertheit, wenn wir es richtig machen. Hoffentlich befreit es uns für eine freudige und wohlwollende Präsenz in der Welt, die unserem tiefsten Seinsgefühl entspricht. Wenn wir eine wohlwollende, bewusste und freie Präsenz in der Welt sein können, haben wir etwas wirklich Revolutionäres zu bieten: zu *sein*.

Erkenne dich selbst

Wenn wir nach innen schauen,
sehen wir, dass alles, was wir sind, bereits da ist,
bevor die Gedanken kommen.

Es wird gesagt, dass die alten Griechen am Eingang zum Apollotempel in Delphi den Satz „Erkenne dich selbst“ eingemeißelt hatten. Die Selbsterkenntnis war gewissermaßen der Preis, den man bezahlen musste, um in den Tempel einzutreten. Die archäologische Kuriosität einer geistreichen Inschrift am Portal, in der die Bedeutung der Selbsterkenntnis beim Eintreten in das Gebäude betont wird, ist jedoch nur ein Teil der Bedeutung dieses Spruchs. Viel wichtiger ist möglicherweise die metaphorische Bedeutung. Wenn wir den Tempel als Hort unseres wahren Selbst sehen – als die Wahrheit unserer Existenz –, müssen wir uns zuerst selbst erkennen, um in diese Wahrheit einzutreten.

Diese Erkenntnis ist kein gewöhnliches Wissen. Es ist nicht die Aneignung von Fakten, Erinnerungen und Dingen, die in unserem Leben passiert sind. Es ist nicht das Wissen, das in einem Buch gelesen oder durch das Studium der Psychologie oder Theologie erworben wird. Es ist etwas Unmittelbares und Intimes. Um zu erkennen, was wir sind, müssen wir Zeit mit uns selbst verbringen. Das hört sich an wie eine Plattitüde. Natürlich verbringen wir die ganze Zeit mit uns selbst. Wir können uns selbst nicht entkommen. Aber ich spreche davon, Zeit mit sich selbst auf eine tiefere Weise zu verbringen – das heißt, in die Kontemplation einzutreten, eine ruhige, absichtsvolle Beobachtung der Entfaltung von Erfahrung und Bewusstsein. Die Kontemplation des Bewusstseins ist eine Art Grundlagenforschung. Sie erfordert ein ruhiges Schauen und Sehen. Sie wird von der Absicht angetrieben, zu einem tiefen Erfahrungswissen darüber zu gelangen, was du bist.

Zwei Pfade tun sich vor uns auf, wenn wir beginnen, über die Natur unseres Seins nachzudenken. Der erste ist das, was ich „aufgeklärte Relativitätstheorie“ nenne: „aufgeklärt“, weil sie die Wahrheit über uns selbst auf direkte und unmittelbare Weise offenbart, „Relativitätstheorie“, weil es eine relative Art ist, diese Wahrheit zu erforschen – sie ist nicht absolut.

Denk an einen Baum. Wir gehen davon aus, dass er aus Wurzeln, Stamm, Zweigen und Blättern besteht – so definieren wir das Wort „Baum“. Es ist eine armselige Definition! Hast du jemals einen Baum erlebt, der lebendig und gesund in voller Blüte vor dir steht? Hast du jemals einen gesunden Baum gesehen, der nicht in der Erde verwurzelt ist? Hast du jemals einen Baum gesehen, der sich ohne Sonne ausbreitet? Kannst du dir einen Baum ohne Wind und Regen vorstellen? Wenn es keinen wachsenden, lebenden Baum gibt, der vom Boden, vom Himmel, von der Sonne oder vom Regen getrennt existiert, dann sagt uns dies etwas, das unserem konditionierten Standpunkt zuwiderläuft: Ein Baum existiert nicht getrennt von seiner Umgebung. Da wir niemals einen Baum finden, der von seiner Umgebung getrennt ist, müssen wir daraus schließen, dass ein Baum seine Umgebung *ist*. Dies ist eine logische Schlussfolgerung, die uns erlaubt, einer Erfahrung von Einheit einen Begriff („Baum“) zu verleihen. Es braucht einen ganzen Kosmos, um einen Baum zu erschaffen, und dieser Kosmos drückt sich in Gestalt eines einzelnen Baumes aus. Wenn wir diese Wahrheit hinter diesem rationalen Verständnis sehen, gehen wir den nächsten Schritt und nehmen wahr, dass *alles* allumfassend ist. Mit anderen Worten, ein einzelner Baum ist der gesamte Kosmos, und der gesamte Kosmos ist ein einzelner Baum.

Nun wende dieses Denken auf den Menschen an. Auf einer relativen Ebene existieren auch wir als unsere Umgebung. Obwohl wir vielleicht denken, dass wir von der Welt getrennt sind, braucht es einen ganzen Kosmos, um dich und mich und die Milliarden anderer Menschen auf dem Planeten hervorzubringen. Du kannst die Probe machen und sehen, wie getrennt du gerade bist: Halte zwanzig Sekunden lang den Atem an. Sehr schnell merkst du, dass du den Körper nicht trennen kannst – weder von dem, was du brauchst, noch von dem, was du bist. Nimm einem Menschen den Sauerstoff weg, und du hast keinen Menschen mehr.

Wenn wir unsere Umgebung untersuchen, stellen wir fest, dass sie aus dem gleichen Material besteht wie wir. Wie der wunderbare spirituelle Schriftsteller Alan Watts in seinem Vortrag „Die Natur des Bewusstseins" sagte: „Schau, hier ist ein Baum im Garten, der jeden Sommer Äpfel produziert, und wir nennen ihn einen Apfelbaum, weil er ‚äpfelt'. Das ist es, was er macht. Und hier ist jetzt ein Sonnensystem, in einer Galaxie, und eine der Besonderheiten dieses Sonnensystems ist, dass es, zumindest auf dem Planeten Erde, ‚menschelt'. Genauso wie ein Apfelbaum ‚äpfelt'!" Denk darüber nach: Die Welt menschelt genauso wie ein Apfelbaum äpfelt. So wie ein Apfelbaum Äpfel produziert, weil Äpfel Teil des Apfelbaums sind, produziert die Erde Menschen. Keine Erde, keine Menschen.

Dies ist eine Möglichkeit, den Aphorismus „Erkenne dich selbst" zu betrachten. Wir gehen von einem konventionellen Standpunkt aus, untersuchen die Konventionen, die wir haben, und sehen, dass der Grund, warum wir in einer Umgebung existieren, darin besteht, dass wir immer schon ein Bestandteil dieser Umgebung waren. Dies ist Wissen im transzendentalen Sinne. Es ist weder rationales Wissen noch irrational, aber es ist transrational. Transrationales Wissen zeigt uns, dass es keine Trennung zwischen Menschen und ihrer Umwelt gibt, bis hin zu Blut und Knochen und Knochenmark. Wie der große spirituelle Lehrer Nisargadatta Maharaj denkwürdigerweise sagte: „Wenn ich nach innen schaue und sehe, dass ich nichts bin, ist das Weisheit. Wenn ich nach außen schaue und sehe, dass ich alles bin, ist das Liebe. Zwischen diesen beiden dreht sich mein Leben."

Wenn wir diese Aussage umkehren, finden wir den zweiten Weg, um über die Natur unseres Seins nachzudenken. Wir schauen nach innen und suchen nach unserem wahren Selbst, unserer wahren Natur und dem, was wir wirklich sind. Wir betrachten die Inhalte des Bewusstseins. Dabei erkennen wir, dass alles Inhalt des Bewusstseins ist, auch die Außenwelt, denn ohne Bewusstsein können wir die Welt nicht wahrnehmen. Wenn wir die Untersuchung nach innen wenden, bemerken wir all die Dinge, die wir nicht sind. Wir sehen, dass wir uns nicht in unserer Definition von uns selbst befinden. Wenn wir alle Gedanken untersuchen, mit denen wir uns definieren, erkennen wir, dass in diesen Gedanken kein Selbst ist. Gedanken kommen und gehen, aber die Wahrnehmung von Gedanken bleibt. Du kannst kein Gedanke und keine Sammlung von Gedanken sein, egal wie raffiniert diese Gedanken sind.

Wenn wir nach innen schauen, sehen wir, dass alles, was wir sind, bereits vor den Gedanken da ist. Du bist vor dem Gedanken da, du bist während des Gedankens da und du bist nach dem Gedanken da. Ich spreche nicht von dem Du, das der Gedanke erschafft – das verschwindet, sobald du aufhörst nachzudenken. Wenn du davon ausgehst, dass unsere wahre Natur in unseren denkenden Köpfen nicht existiert, wo solltest du dann danach suchen, um dich selbst zu erkennen?

Beginne mit dem, was du fühlst. Wenn du untersuchst, was du fühlst, hast du das Gefühl, genau hier zu sein, genau jetzt. Wie fühlt sich der Boden unter deinen Füßen an? Wie fühlt sich dein Körper an? Wie fühlt sich dein Geist an? Wie fühlt sich der Raum an, in dem du dich befindest? Mach dir ein Bild von diesen Dingen. Die Gefühle kommen und gehen, ändern sich ständig. Also kannst du nicht das sein, was du fühlst. Du hast Gefühle und Empfindungen und Emotionen – das ist vollkommen in Ordnung – aber sie sagen dir nicht, was du bist. Ich betrachte diese Kontemplation immer als eine Art wissenschaftliches Experiment. Kein unscharfes Denken erlaubt. Du kannst dir sagen: „Die Frage vor uns lautet: ‚Bin ich meine Gedanken oder nicht?' Der einzige Weg, das herauszufinden, ist zu fragen: ‚Wenn ich aufhöre zu denken, verschwinde ich dann?' Das gedankenbasierte Selbst verschwindet, aber etwas ist noch da: dein Bewusstsein. Es ist das Bewusstsein, das gerade über meine Worte nachdenkt, das fühlt, was ich fühle, und das sieht, was ich sehe.

Das Seltsame ist, wenn wir nach innen schauen: Je mehr wir schauen, desto weniger finden wir. Also suchen wir weiter ... und suchen … und suchen. Schließlich, wenn wir das Selbst immer noch nicht gefunden haben, wird es uns dämmern: Ich finde mich nicht im Inhalt meiner Erfahrung wieder, weil sich der Inhalt ständig ändert. Doch was auch immer ich bin, scheint immer hier zu sein. Der Inhalt meines Bewusstseins sagt mir nicht, wer ich bin.

Kehren wir zur Lehre von Nisargadatta Maharaj zurück, die kaum zu übertreffen ist: „Wenn ich nach innen schaue und sehe, dass ich nichts bin, ist das Weisheit. Wenn ich nach außen schaue und sehe, dass ich alles bin, ist das Liebe. Zwischen diesen beiden spielt sich mein Leben ab." Er sagte nicht: „Wenn ich nach innen schaue und nichts sehe" oder

„sehe, dass ich nichts sehe", denn dies wären Projektionen des Geistes. Stattdessen sagte er: „[Ich] sehe, dass ich nichts bin." Das ist eine Offenbarung: nach innen schauen und sehen, dass dort nicht Nichts ist, sondern dass wir das Nichts sind. Wenn du dieses „Nichts" gefunden hast, entsteht ein unglaubliches Gefühl der Erleichterung, der Freiheit, des Glücks und des Wohlbefindens – Symptome der Rückkehr zu unserem Gewahrsein oder, wie wir in der Spiritualität sagen, des Aufwachens.

Sich selbst zu „erkennen", indem man nach innen schaut, bedeutet, über Gedanken, Empfindungen, Erinnerungen, Vorstellungskraft und egozentrisches Denken hinaus zu sehen. Denn nichts davon bist du. Es ist seltsam, weil du immer wieder nichts findest, bis du auf die Feststellung „Ich bin das Nichts" stößt und zu dieser Realität erwachst. Es ist das vollste Nichts, auf das du jemals stoßen wirst! Es ist nicht wie eine leere Kiste mit nichts drin, es ist nicht das Nichts, das du im Wörterbuch findest, sondern es ist ein Wesen aus Nichts. Bewusstsein ist nichts. Dein Gewahrsein dieser Worte ist auch nichts.

Spiel das einmal in Bezug auf die Liebe durch. Wenn du Liebe erfährst, frage dich: *Wie viel wiegt sie? Welche Farbe hat sie? Wie klingt sie?* Du erkennst, dass Liebe kein Etwas ist, sie ist ein Nichts – aber das bedeutet nicht, dass Liebe nicht existiert oder dass du sie nicht erlebst. Liebe ist kein Ding, und sie ist nicht einmal eine Erfahrung. Sie kann als Erfahrung erlebt werden, aber jeder, der Kinder hat, weiß, dass das Leben mit Kindern nicht immer rosig ist. Die meiste Zeit magst du voller liebevoller Gefühle für dein Kleinkind sein, aber wenn es einen Anfall im Supermarkt hat oder wenn dein Teenager dich anschreit, denkst du wahrscheinlich nicht: *Oh mein Gott, ich bin gerade voller Liebe für mein Kind!* Bedeutet das, dass du dein Kind nicht liebst? Natürlich nicht. Wahre Liebe gibt es auch dann, wenn du nicht viel Liebe empfindest. Wahre Liebe transzendiert die momentane Erfahrung der Liebe. Falsche Liebe hingegen verschwindet, sobald dein Gefühlszustand verschwindet. Sie ist bestenfalls eine jugendliche Verliebtheit.

Wenn wir nach innen schauen, entdecken wir, dass wir nichts sind und erkennen, dass das Nichts voll und tiefgründig ist. Es ist das, was wir sind. Wenn wir nach außen schauen, sehen wir, dass alles mit allem anderen verbunden ist. Egal, ob du nach außen oder nach innen schaust, du findest immer deine wahre Natur. Paradoxerweise sind wir alles und nichts – alles ist nichts und nichts ist alles. Dies ergibt keinen Sinn, wenn wir an abstrakten Ideen festhalten, aber es ergibt absolut Sinn in der direkten Erfahrung, sofern uns diese möglich ist.

Erkenne dich selbst. Nach innen schauen und sehen, dass wir nichts sind – nach außen schauen und sehen, dass wir alles sind: Dies sind die Einstiegspunkte in das Göttliche.

Deine ganze Umwelt bist du selbst

Die Dinge und ihre Umgebung sind ein und dasselbe.

Spirituelle Lehren dienen dazu, uns Schritt für Schritt zum Erwachen zu führen. Oft erfordert dies, dass wir lernen, unser Unterscheidungsvermögen nicht auf philosophische oder rein intellektuelle Weise zu nutzen, sondern den intellektuellen Prozess mit unserer direkten Erfahrung zu verbinden. Es gibt viele Lehren, die Dinge sagen wie: „Beachte, dass du zwar Gedanken hast, aber nicht deine Gedanken bist. Gedanken kommen und gehen. Wer auch immer du sein magst, du bist derjenige, der die Gedanken kommen und gehen sieht. Denn Gedanken sind bestenfalls eine sekundäre Realität. Du bist auch nicht deine Gefühle. Denn deine Gefühle entstehen ebenfalls in dir – was immer das ‚Du' sein mag. Sie kommen und gehen, und es gibt lediglich das Gefühl, dass du als Konstante bleibst."

Dies ist eine gängige spirituelle Strategie. Ich bezeichne sie als meditatives Unterscheidungsvermögen, wobei „meditativ" bedeutet, dass sie uns mit unserer tatsächlichen Erfahrung im Moment verbinden soll. Sie ist kein Dogma und auch keine Philosophie. Was wir tun, ist, das Bewusstsein in den Zeugenstand zu stellen. Wir wenden unser Unterscheidungsvermögen an, um unsere Identifikation mit unseren Gedanken und Gefühlen oder sogar mit unserer Umwelt zu lösen und uns nicht mehr durch diese Identifikation zu definieren. Das Auflösen der Identifikation ist nicht gleichbedeutend mit einer Dissoziation, einer inneren Trennung. Wir erkennen, dass wir reines Bewusstsein sind und nicht durch alles mögliche, was uns umgibt oder uns zu Bewusstsein kommt, definiert werden.

Wenn wir uns als Bewusstsein wahrnehmen, als reines Bewusstsein, verändert sich unser Leben. Dies ist eine bedeutende Einsicht. Wir können es als eine besondere Art des Erwachens bezeichnen – eine grundlegende Verlagerung unserer Identifikation mit unseren Gedanken und Gefühlen zur rein subjektiven Erfahrung des Bewusstseins oder Gewahrseins. *Doch dies ist kein Endpunkt.* Es ist eine Wegmarke der inneren Verwirklichung. Wir haben immer noch einen grundlegenden Unterschied zwischen dem Wahrnehmenden und dem Wahrgenommenen, zwischen Bewusstsein oder Gewahrsein und allem, was Bewusstsein oder Gewahrsein kennt oder sich bewusst ist. Als nächstes kommen die tieferen Zustände der Verwirklichung, wenn der Wahrnehmende oder der Zeugenzustand und die Wahrnehmung von Subjekt und Objekt zusammenfallen. Dann finden wir unsere Wahrheit über die Natur unserer Existenz.

Was bedeutet es, wenn Subjekt und Objekt zusammenfallen? Was ist das für eine Erfahrung? Die beste Art dies zu beschreiben ist, dass du erkennst, dass du die gesamte Umgebung bist. Du bist jederzeit dort, wo du dich befindest. Denk wieder an einen Baum. Wenn du ihn betrachtest, siehst du, dass die Art und Weise, wie wir gelernt haben, was als Baum gilt, eine Abstraktion ist. Aus Gründen der Bequemlichkeit und Kommunikation opfern wir etwas, indem wir die Dinge in der natürlichen Welt simplifizieren, damit wir über sie kommunizieren können. Die Folge ist, dass wir glauben, sie zu kennen und Macht über sie zu haben. Der Preis, den wir dafür zahlen, ist, dass wir vergessen, dass ein Baum ohne Boden, Himmel, Regen, Wolken und Weltraum – ohne seine Umwelt – nicht existiert.

Wir denken so abstrakt, dass wir argumentieren: „Nein, ein Baum hängt von der Sonne ab, er hängt vom Boden ab und er hängt vom Regen ab, um zu überleben." Aber er hängt nicht von diesen Dingen ab. Sie existieren zusammen als eins. Um diese Einheit zu erkennen, muss man begreifen, dass alles als zusammenhängendes Ganzes existiert: „Ich bin das Ganze. In keiner Weise bin ich getrennt oder anders als das Ganze." Dein Körper, die Gedanken in deinem Kopf, deine Gefühle, das Blut, das durch deine Adern fließt, dein Herzschlag, dein Atem – alles, was dich zu dem macht, was wir „menschlich" nennen, hängt von der gesamten Umgebung ab. Ohne Sonnenschein gäbe es keine Menschen.

Es wäre, als würden wir völlig isoliert in der Kälte des Weltalls schweben. Doch wer ist bereit, von sich zu sagen: „Ich bin der Sonnenschein", es sei denn, wir sind ein verwirklichtes Wesen oder ein Heiliger.

Deine ganze Umwelt bist du selbst. Die Dinge und ihre Umgebung sind ein und dasselbe. William Blake drückte es folgendermaßen aus:

Um eine Welt in einem Sandkorn und einen Himmel in einer Wildblume zu sehen, halte die Unendlichkeit in der Hand und die Ewigkeit in einer Stunde...

Irgendwie so ist die Erfahrung der Einheit. Ich sage „irgendwie", weil keine Beschreibung mit dem Beschriebenen identisch ist. Wenn du diese Beschreibung jedoch auf entspannte Weise kontemplativ in dir bewegst, wachst du eines Tages auf und stellst fest, dass es verschiedene Möglichkeiten gibt, das Leben zu sehen und zu erleben. Wir haben gelernt, die Umwelt und uns selbst als getrennte Phänomene zu erleben, die wir benennen, klassifizieren und voneinander unterscheiden können. Doch am Ende haben diese Phänomene keine eigene unabhängige und dauerhafte Realität. Sie wären niemals ohne ihre Umwelt entstanden und könnten ohne sie auch nicht existieren.

Vorgedankliche Erfahrung

Alle Existenz ist Gott,
einschließlich desjenigen,
der das erkennt.

Hast du jemals bemerkt, dass du, wenn du die Wahrheit einer einzelnen Sache erforschst, der Wahrheit des Ganzen begegnest? Dem denkenden Verstand kann dies so vorkommen wie eine mystische Schau, und manchmal ist es auch eine – die Wahrheit kann sich als Offenbarung zeigen. In gewisser Weise gilt das auch, wenn wir unsere Intelligenz und unseren denkenden Verstand auf die Verbundenheit alles Lebendigen richten. Dies ist nicht besonders weise oder spirituell. Und doch weist es uns auf die Natur des Daseins hin. So wie es keinen Baum ohne Umwelt gibt, gibt es keinen Menschen ohne das, was ihn umgibt. Unsere abstrakte Definition dessen, was ein Körper ist, schließt nicht die Erde, den Himmel, den Wind, den Regen und den Sauerstoff ein. Doch wenn wir eines dieser Dinge wegnehmen, können wir nicht mehr existieren. Nimm die Sonne weg und du kannst nicht existieren. Nimm den Sauerstoff weg, auch nur für ein paar Minuten, und wir werden nicht mehr da sein, nicht nur, weil wir Sauerstoff brauchen, sondern auch, weil wir Sauerstoff sind.

Ich weiß, dass dies für manche Menschen selbst auf begrifflicher Ebene schwer zu verstehen ist, weil uns beigebracht wird, jedes Ding als von allen anderen Dingen getrennt zu betrachten. Doch ohne alle Elemente dieser Erde gibt es keinen Menschen. Die Erde verwirklicht sich in Gestalt des menschlichen Wesens, und der Mensch ist die Erde. Außerdem gibt es keine Erde ohne die Galaxie. Ich habe kürzlich erfahren, dass Wissenschaftler entdeckt haben, dass wir im Kosmos etwa zehnmal mehr Galaxien haben als bisher angenommen. Sie schätzen jetzt, dass es eine Billion Galaxien gibt. Eine Billion. Die Milchstraße zu durchqueren würde unzählige Lichtjahre dauern, und es gibt eine Billion von Konstellationen dieser Art. Es ist überwältigend, wie massiv, wie expansiv und wie wunderbar der Kosmos ist. Das ist beeindruckend, wenn man es auf sich wirken lässt.

Es braucht all diese Universen, um ein Du zu erschaffen, denn ohne sie gäbe es kein Du. Ohne diesen Kosmos gäbe es kein Menschenwesen. Unser Denken zerteilt die Welt in kleine Stücke, und das ist in Ordnung so. Das ist keine Kritik am Denken, denn das ist alles, was das Denken tun kann: Es muss die Welt in Stücke zerbrechen, und dann die Teile wieder zusammensetzen, wie ein Computer. Denke jedoch daran, dass Computer erst existieren, seit es einen denkenden Verstand gibt, der die Welt begrifflich auseinandernehmen, auf unterschiedliche und einzigartige Weise konfigurieren und eine neue Technologie namens Computer entwickeln kann, mit der die Teile wieder zusammengesetzt werden.

Wir tun dies mit Sprache, mit Begriffen und mit Vorstellungen.

Die Fähigkeit zu konzipieren, Vorstellungen zu haben und zu sehen, wie sie die Existenz auf eine Weise zertrennen, die ihr eigentlich nicht wesensgemäß ist, hat sicher einen nützlichen Zweck. Das bedeutet jedoch noch lange nicht, dass die Art und Weise, wie Begriffe die Welt in Stücke zerlegen und die Stücke als unabhängig existierend beschreiben, die Wahrheit über die Existenz selbst ist. Alles ist miteinander verbunden, auch wenn wir die Welt als eine Ansammlung getrennter Dinge betrachten.

Wir sind nicht nur miteinander verbunden, obwohl Verbundenheit am besten die Erfahrung beschreibt, wie unser Begriff, unsere Idee und unsere Definition der Dinge ineinandergreifen. Wenn wir noch tiefer gehen, können wir sagen, dass die Dinge nicht nur miteinander verbunden sind – sie sind alle *eins*. Das ist das tiefere Verständnis, aber es ist immer noch ein oberflächliches Verständnis der Einheit. Diese Wahrheit liegt direkt vor unseren Augen. Wir brauchen keine außergewöhnliche Intelligenz, um sie zu sehen. Wir leben so sehr in der Welt der Begriffe, dass wir vergessen, dass sie etwas Unteilbares teilen. Wir sehen nicht, dass unsere Begriffe nicht mit der tatsächlichen direkten Wahrnehmung der Dinge übereinstimmen und dass wir so tief in unsere Begriffe von der Welt eingetaucht sind, dass wir aufhören, Dinge direkt zu erleben und wahrzunehmen. Dies ist ein großer Teil dessen, was Erleuchtung ist: die Fähigkeit, direkt wahrzunehmen, ohne durch eine Linse von Begriffen oder Vorstellungen zu schauen. Erwachen ist, wenn wir endlich unser Sein ohne die Schnittstelle eines begrifflichen Verständnisses erfahren. Wir wachen aus dem Schlaf der Begriffe auf.

Keine Sorge. Wenn du daraus aufwachst, heißt das nicht, dass du deine Sprache verlierst oder keine Begriffe mehr verwenden kannst. Du kannst jedoch das begrifflich definierte Sein hinter dir lassen und beginnen, aus einem anderen Sein und einem anderen Bewusstsein heraus zu leben und wahrzunehmen. Dazu dient die spirituelle Hinterfragung – wir benutzen Vorstellungen und Fragen wie „Was bin ich?" oder „Wer bin ich?" und beginnen zu sehen, dass wir, wenn wir einen einzelnen Begriff oder eine Gruppe von Begriffen hinterfragen, kein eigenständiges Wesen in ihnen finden. Wir können stattdessen erkennen, dass die Wahrheit unseres Seins durch keinen Begriff definiert wird, und wenn wir das sehen, werden wir ein Erwachen haben, das sich anfühlt, als wären wir aus einem Traum aufgewacht. Das liegt daran, dass wir tatsächlich aufgewacht sind! Wir sind aus dem lebendigen Traum erwacht, alles durch den begrifflichen Verstand wahrzunehmen.

Dieser begriffliche Verstand ist ein Geschichtenerzähler. Alles, was wir beschreiben, wird zu einer Geschichte. Die Geschichte ist jedoch nicht dasselbe, was die Dinge in direkter Wahrnehmung oder direkter Erfahrung sind. Es ist gut, die Natur von Vorstellungen und Begriffen, die Struktur der Sprache und die Auswirkungen der Sprache auf unseren Geist und auf die Art und Weise, wie wir das Leben wahrnehmen und erleben, zu hinterfragen. Solange wir das nicht tun, sehen wir das Leben durch die Brille von Begriffen und Vorstellungen, und es gibt wenig Hoffnung, aufzuwachen und deine oder irgendjemandes Realität jenseits der Begriffe und Vorstellungen wahrzunehmen. Aufwachen bedeutet jedoch nicht, dass du keine Vorstellungen mehr hast, und es bedeutet nicht, dass du deine Ideen nicht für kreative und praktische Zwecke einsetzen kannst. Es bedeutet lediglich, dass dein Realitätssinn nicht mehr länger in seinem Käfig gefangen ist. So führen uns spirituelle Lehren auf unbekanntes Territorium.

Viele verschiedene esoterische Lehren und Religionen sprechen über das große Unbekannte, und als Suchende versuchen wir oft, es als einen

Ort zu betrachten, vielleicht als einen inneren Ort, der „das Unbekannte" genannt wird, weil wir denken, wir beziehen uns auf nichts anderes als auf eine Idee. Das ist ein unvollständiges Verständnis. Das Unbekannte ist eine Möglichkeit zur direkten Erfahrung jedes Augenblicks, anstatt ihn durch den indirekten, verzerrenden Mechanismus des Denkens zu einer Geschichte zu verarbeiten. Wenn wir nicht jeden Moment durch die verzerrende Linse des Denkens erfahren und wahrnehmen, haben wir eine direkte Erfahrung dessen, was ist. Dann und nur dann erfahren wir absolute Einheit – die ganze Welt ist das eigene Wesen, und die gesamte Existenz ist Gott, einschließlich desjenigen, der das erkennt.

Der beste, vernünftigste Ausgangspunkt mit dem höchsten Potential bist du selbst. Nimm den Moment und dich selbst wahr, jenseits aller Begriffe, aller Vorstellungen, aller Geschichten und aller Erinnerungen. Wenn du dies tust, haben alle falschen Perspektiven ein Ende, ebenso wie das „Du", das ausschließlich aus Erinnerungen, Begriffen und Vorstellungen besteht. Für manche Menschen ist es erschreckend, darüber nachzudenken, weil ihr „Selbst" das einzige Selbst ist, das sie jemals gekannt haben, und sie glauben, dass es das einzige Selbst ist, das es gibt. Wenn alles nur eingebildet ist, dann bleibt nichts mehr übrig, sobald wir aufhören, es uns vorzustellen. Was auch immer wir sind, ist jedoch immer noch da, aber es wird nicht mehr durch Verstand, Begriffe und Vorstellungen definiert oder erfahren.

Die Herausforderung bei der inneren Form spiritueller Arbeit besteht darin, nicht mehr durch Verstand, Begriffe, Vorstellungen, Erinnerungen, Überzeugungen oder Meinungen wahrzunehmen. All das braucht Gedanken, und wir existieren, gleich ob es Gedanken gibt oder nicht. Denk daran, dass die Realität nicht die Vorstellung ist, die wir von irgendetwas haben – einschließlich deiner selbst, der Welt, einschließlich deiner Mitmenschen und einschließlich Gottes. Die Vorstellung, die du von all diesen Dingen hast, ist nicht das, was sie sind. Sie sind eine Vorstellung. Was sind diese Dinge, was bist du, was ist dein Nachbar, dein Freund, was ist die Welt, was ist Existenz, ohne Bezug auf jegliche Gedanken? Solange du nach einem passenden Gedanken suchst, bist du verwirrt, aber wenn du ihn loslässt, kommst du (zumindest für einen Moment) an einen Ort, an dem alles unbekannt ist. Du weißt nicht mehr, wer du bist, und du weißt nicht, wer dein Freund oder dein

Nachbar ist. Du weißt nicht, was die Welt ist, weil du nicht versuchst, dir mit dem Verstand eine begriffliche Vorstellung dieser Dinge zu machen. Du bist zu etwas mehr als einer Vorstellung gelangt – zu etwas Wirklichem.

Das Wirkliche ist nicht in einer Vorstellung zu finden, sondern direkt, unmittelbar, vor allen Gedanken. Sobald wir an diesem Ort sind, können wir uns Gedanken machen, soviel wir wollen. Dann können Gedanken das sein, was sie sein sollten: ein Werkzeug. Jedes der Wörter auf dieser Seite steht für etwas, das nicht das Wort ist. Ebenso verhält es sich mit den Gedanken. Einige Gedanken repräsentieren Dinge – ein gedachter Baum repräsentiert einen Baum und eine gedachte Person repräsentiert einen Menschen – aber ein Mensch gleicht ebenso wenig einem gedachten Menschen wie ein gedachter Baum einem Baum. Wenn wir anfangen, den denkenden Verstand auszusetzen, sehen wir, dass Gedanken nützlich sein können – manchmal sogar kreativ –, aber sie werden uns nicht zeigen, was etwas *wirklich* ist. Dann haben wir das Potenzial, die Existenz und unser Sein direkt wahrzunehmen. Dann kann Erwachen stattfinden.

Selbst wenn wir erwacht sind, müssen wir darauf achten, nicht an die Gedanken zu glauben, die wir über unser Erwachen haben. Hier wird es schwierig. Einige Leute erwachen und fangen an zu denken: *Nun bin ich erwacht. Daher ist das, was ich denke, wahr.* Weit gefehlt! Einige Gedanken können genauere Darstellungen der Realität sein als andere, und nicht alle Gedanken sind gleichermaßen falsch. Einige sind der Wahrheit näher, andere sind weiter von ihr entfernt. Einige haben nichts mit der Wahrheit zu tun, und andere stehen für gar nichts außer für andere Gedanken. Damit wir nicht bis zu unserem letzten Atemzug in unserem begrifflichen, abstrakten Käfig weiterleben – einer Welt, die eher repräsentativ als real ist – müssen wir aus ihm ausbrechen. Dieser Ausbruch ist wie ein großes Aha-Erlebnis. *Ich mag eine Geschichte haben, ich mag diese Gedanken haben, ich mag Vorstellungen haben, und ich mag Bilder der Vergangenheit und des gegenwärtigen Augenblicks haben, aber diese sind nicht das, was ich bin. Sie definieren mich nicht. Sie können niemals groß genug sein, um die Realität von irgendetwas festzuhalten.* Gedachtes Wasser wird niemals deinen Durst stillen, ganz gleich wie ausgefeilt dein Verständnis dieses Gedankens ist.

Ein Gedanke ist nicht das, was er darstellt. Versuche, das mit jeder Faser deines Seins zu verstehen: Der Gedanke ist nicht das Ding. Dann gehe diesen Zwischenschritt des Nichtwissens. Wenn du das Unbekannte betrittst, wirst du sehen, dass dies kein beliebiger Ort ist. Es ist die lebendige Realität der Dinge, jenseits der Vorstellung vom Unbekannten. Es geht nicht darum, den Rest deines Lebens damit zu verbringen, zu allem zu sagen: „Ich weiß nicht". Es geht darum, aus dem Bekannten hinauszutreten und direkt wahrzunehmen. Du tust dies, indem du in die gelebte Realität des Nichtwissens eintrittst, die dich aus dem Bekannten, aus der Vorstellung heraus und in die Realität von dir selbst, von allen Dingen und von allen Menschen hineinführt. Es ist ein Ort, an dem Wörter nützliche Werkzeuge sind, aber du bist nicht länger in ihnen gefangen.

Die einfache Freude am Sein

Es ist nützlich darüber nachzudenken, was Glück ist.

Die Sierra Nevada in der Nähe von Lake Tahoe ist einer der schönsten Orte der Welt. Einige meiner besten Erinnerungen an meine Jugend sind Zeiten, die ich dort verbracht habe. Einige der Berge sind hoch für Nordamerika – bis zu 4.500 Meter hohe Gipfel – und es ist schwieriges, raues Gelände, aber kraftvoll und wunderschön. In meinen Zwanzigern wanderte ich wochen- oder monatelang auf dem John Muir Trail mit meinem Rucksack, versunken in Stille und der absoluten Majestät der Umwelt. Die Berge waren mein Tempel. Ich nannte sie meine Kathedrale. Sie sind ein Ort großer Inspiration, großen Friedens und großer Stille. Ich fühle mich für immer mit diesen Bergen verbunden.

Vor ein paar Jahren bin ich alleine in diese Berge gefahren, um mich zurückzuziehen. Es dauert ungefähr vier Stunden, um von meinem Wohnort zu den Bergen der Sierra Nevada zu gelangen. Sobald ich die ersten Ausläufer erreicht hatte, lachte ich gut zehn Minuten lang laut und tief mit der Freude, wieder in diesen Bergen zu sein. Ich war an anderen Orten, die schön und tiefgründig sind. Ich kenne andere Naturwunder, die ich ungemein genieße, aber nichts ist für mich wie die Sierra.

Die Berge sind ein majestätischer Ort. Du erkennst ihre Schönheit, wenn du mit dem Rucksack alleine wochenlang fern jeder Straße unterwegs bist. Du bist allein und hast niemanden, der auf dich aufpasst. Du kannst nicht nachlässig sein. Du kannst es dir nicht leisten, den Fuß zu verstauchen. Es kann lange dauern, bis jemand vorbeikommt. Obwohl diese wilden Orte wunderschön und heilig sind und voller göttlicher

Gefühle, sind sie kein Kinderspielplatz. Es gehört zur Intensität der Erfahrung, alleine unterwegs zu sein, weit weg von jeglicher Hilfe. In die Wildnis zu gehen ist deshalb so wunderbar, weil du dich auf ihre Bedingungen einlassen musst, und wenn du das nicht tust, gerätst du in Lebensgefahr.

Vor Jahren machte ich mit einem Freund eine zwölftägige Rucksackreise, und am ersten Abend, als ich den Campingkocher anzündete, versagte er seinen Dienst. Wir hatten jede Menge Essen und keinen Kocher mehr. In der Sierra Nevada sind Lagerfeuer über 3000 Meter nicht gestattet. Unsere Route lag größtenteils darüber. Wir hatten ein Problem. Unser Campingkocher gab seinen Geist bereits nach einem Tag auf. Wir hätten also zurückgehen können. Doch das kam uns nicht in den Sinn. Ich hatte nie die Möglichkeit in Betracht gezogen, die Wanderung abzubrechen. Wenn wir unter 3000 Meter waren, machten wir winzige Lagerfeuer – gerade genug, um etwas zu kochen, da wir versuchten, so wenig Spuren wie möglich zu hinterlassen. Und manchmal aßen wir unser Essen ungekocht. Ich erinnere mich, dass wir in der letzten Nacht, ungefähr sechsunddreißig Stunden vor dem Ziel, sehr wenig zu essen hatten. Wir hatten nur eine kleine Packung trockenen Maisbrei und keine Möglichkeit, ihn zu kochen, weil wir auf etwa 3000 Metern kampierten. Außerdem gab es nichts, was wir hätten anzünden können. Ich war ausgehungert, da wir an diesem Tag ungefähr achtzehn Meilen gelaufen waren. Also gab ich den Mais in eine Schüssel, rührte etwas Wasser hinein und trank das Ganze herunter. Ich trank eine ganze Packung Mais! Es war schrecklich, aber am nächsten Tag war ich froh, dass ich es getan hatte, weil wir noch zwanzig Meilen vor uns hatten.

Obwohl es schrecklich schmeckte, genoss ich dieses rohe Maismehl tatsächlich, weil ich in diesem Moment in einer direkten Beziehung zum Leben und zu den Bedingungen des Lebens stand. Als Menschen gewöhnen wir uns daran, uns alles so bequem wie möglich zu machen. Wir wenden sehr viel Zeit, Energie und Geld auf, um es uns bequem zu machen und unsere Freizeit so zu verplanen, dass wir ja keinen Moment der Ruhe haben. Wenn du in die Berge gehst, ist alles anders. Du schläfst auf einer dünnen Campingmatte. Über 3000 Meter gibt es Frost am Morgen, sogar mitten im Sommer. Nachts ist es kalt. Alles, was du brauchst, musst du mitschleppen. Du musst dich fast jede Minute des Tages an deine Umgebung anpassen. Und wenn du dies nicht tust, kannst du schnell in große Schwierigkeiten geraten.

Das ist es, was ich an den Bergen immer geliebt habe. Sie sind kompromisslos. Die Berge bemühen sich nicht, es uns bequem zu machen. Und das Schöne ist, dass wir keine Bequemlichkeit brauchen. Wir können müde sein und unsere Füße können wund sein, unsere Hüften können schmerzen, und wir stellen trotzdem das Zelt auf, packen alles aus, kochen für uns, machen uns sauber und packen am Morgen alles wieder ein. Es gibt immer viel zu tun. Dennoch halten sich viele Menschen von der Natur fern. Eine mehrtägige Rucksackwanderung wäre für sie undenkbar. Wer will denn so etwas? Wer will schon auf dem Boden schlafen? Für manche klingt es wie die Hölle.

Es erinnert mich an die Zeit, als ich anfing, an Retreats in Zen-Tempeln und Klöstern teilzunehmen. Wir unterzogen uns einer strengen spirituellen Disziplin, meditierten ungefähr fünfzehn Stunden am Tag, plus drei Stunden für Mahlzeiten in Meditationshaltung in der Meditationshalle. Eines der Dinge, die ich am meisten liebte, war, dass diejenigen, die diese Umgebung, diesen Tempel oder dieses Retreat-Center betrieben, nichts taten, um unser Leben leichter zu machen. Wir mussten uns an die Gegebenheiten anpassen. Ansonsten könnten wir gleich nach Hause gehen. Es gab keine Kompromisse.

Ich erinnere mich an die Lehrreden Houn Jiyu-Kennett Roshi, der Leiterin der Shasta Abbey in Mount Shasta, Kalifornien, die vor einigen Jahren gestorben ist. Sie hatte einen Großteil ihres Zen-Trainings in einem der größten Klöster Japans absolviert und war die erste Frau, die dieses schwierige, gelegentlich als „höllisch" beschriebene Training absolvierte. Sie war die erste Frau, die von der Soto-Schule als Lehrerin anerkannt wurde. Kennett Roshi erzählte eine wundervolle Geschichte über die Zeit, als ein Mönch, der noch nicht lange dort war, anfing, sich in aller Höflichkeit zu beschweren, dass er nicht genug Platz zum Schlafen hatte. In diesem Kloster schläfst du, wo du meditierst und isst. Nachts legst du dein Sitzkissen weg und rollst eine dünne Matte aus. Der Novize trat an den Lehrer heran und sagte: „Es scheint mir ein wenig eng zu sein. Ich brauche etwas mehr Platz zum Schlafen." Der Lehrer sagte: „Oh? Bitte leg dich doch einmal auf den Boden." Also legte sich der Mönch auf den Boden, und der Lehrer nahm ein Stück Kreide und skizzierte seinen Körper. Er legte die Matte auf den Umriss und sagte: „Ich habe gute Nachrichten für Sie. Sie sind kleiner als die Matte, auf der Sie schlafen. Sie haben viel Platz. Ich freue mich für Sie!"

Das wollte der Anfänger nicht hören, aber auf nette Weise wurde ihm gesagt: „Dieser Ort ändert sich für dich nicht, mein Freund. Hier ist kein Platz für dein Ego." Dies ist ein Teil dessen, was mir an diesen Retreats gefallen hat, obwohl es eine große Herausforderung für mich war. Es gibt keine Kompromisse. Du musst deine Bequemlichkeit hinter dir lassen, die so leicht dein ganzes Leben dominieren kann. Du erkennst, dass du dich in einer Umgebung befindest, an die du dich anpassen musst. Die Umgebung wird sich nicht an dich anpassen. Wenn du hoch oben in den Bergen wanderst, passt du dich an oder du gehst wieder nach Hause. Ansonsten begibst du dich in Lebensgefahr. In einem Zen-Tempel passt du dich entweder an die Abläufe dieses Tempels an oder du gehst nach Hause. Es hat keinen Sinn, mit irgendjemandem darüber zu streiten, da sich die Regeln für dich nicht ändern werden. Wenn du in deinem Ego stecken bleibst, kann es sehr schwierig werden. Du kannst immer zig Möglichkeiten finden, wie Dinge verbessert werden können, aber in einem Zen-Tempel hört dir niemand zu – vor allem, weil sie alles schon einmal gehört haben.

Ich bin kein Mensch, der Rituale mag, ich bin kein Anhänger von Formalitäten und kein Freund organisierter Religionen. Arvis, meine Hauptlehrerin, hat aus ihrem Wohnzimmer heraus unterrichtet. Doch eines der Dinge, die ich an Zen-Retreats mag, ebenso wie an Wanderungen in den Bergen, ist die Erleichterung, die damit verbunden ist, wenn man alle Bequemlichkeiten hinter sich lassen und sich auf etwas völlig anderes einlassen kann. Etwas tief in dir freut sich, wenn es nicht mehr die ganze Zeit beschäftigt sein muss mit Fragen wie: *Wie fühle ich mich? Mag ich das? Mag ich es nicht? Ist es richtig für mich? Ist es nicht richtig für mich?* Du gehst zum Supermarkt, und es gibt dreißig verschiedene Sorten Erdnussbutter zur Auswahl. Vielleicht denken wir: *Was für ein Glück! Dreißig Arten von Erdnussbutter!* Aber jemand in einem anderen Teil der Welt hätte gerne nur ein Glas Erdnussbutter, weil er nichts zu essen hat. Für diese Person sind dreißig Gläser Erdnussbutter absurd. Macht es uns glücklicher, dreißig Arten Erdnussbutter zur Auswahl zu haben? Bringt es uns Freude, wenn wir eine Viertelstunde damit verbringen können, uns am Kopf zu kratzen und uns zu fragen, welche Erdnussbutter wir kaufen sollen?

Mein Punkt ist nicht, ob wir viele Möglichkeiten haben oder nicht. Ich spreche nicht über diese äußeren Dinge, sondern über unsere innere Beziehung zu ihnen. Ich fand heraus, dass ich in die Berge gehen und den Teil von mir hinter mir lassen konnte, der ständig analysiert und sich Fragen stellt wie: *Wie funktioniert das für mich? Ist das jetzt optimal komfortabel?* oder *Ist jetzt alles so, wie ich es gerne hätte?* Ich konnte völlig frei davon sein und in eine Umgebung gehen, in der dieses Spiel nicht gespielt wird, weil es niemanden gibt, der zuhört. Natürlich kannst du mit den Bäumen sprechen und ihnen nahelegen, dass sie sich bitteschön an einen anderen Ort bewegen mögen, weil sie dir immer wieder in die Quere kommen. Aber die Bäume hören nicht zu, und sie werden sich nicht bewegen. Du kannst dich über diese Tatsache aufregen oder einfach loslassen. Und sobald du loslässt, merkst du, dass jeder Baum an der perfekten Stelle steht. Wie ist das passiert? Woher wusste jeder Baum, dass er an der perfekten Stelle wachsen konnte? Vor einer Minute schien alles willkürlich und falsch zu sein, aber jetzt scheint es göttlich geplant zu sein. Es liegt an deiner Wahrnehmung, nicht wahr? Eine Orientierungsänderung, ein innerer Wandel, ein Loslassen.

Die westliche Welt ist ganz und gar auf Bequemlichkeit ausgerichtet. Ich lebe in einem Ort namens Los Gatos, einer der schönsten kleinen Städte im Silicon Valley, direkt am Fuße einer Hügelkette. Meine Frau Mukti und ich gingen einmal in die Innenstadt, und wir kamen an einem Geschäft vorbei, in dem Matratzen verkauft wurden. Jede Matratze in diesem Geschäft hatte Bioqualität, war aus speziellem Material gefertigt und das technisch Hochwertigste, was man kaufen konnte. Ich lachte. Brauchen wir so perfekte Betten? Uns allen wird beigebracht, dass Komfort uns glücklich macht und dass wir glücklich werden, wenn wir alles bekommen, was wir wollen und so viel wir wollen. Wenn die Dinge so laufen, wie du es möchtest, bist du glücklich. Eine unendliche Auswahl macht dich glücklich. Richtig?

Verstehe mich nicht falsch. Wenn ich die Auswahl vor mir habe, mache ich von ihr Gebrauch, wähle aus, was ich will. Ich bin mir des unglaublichen Privilegs bewusst, an einem Ort zu leben, der diese Anzahl von Möglichkeiten bietet. Ich weiß, es gibt keinen Weg mehr zurück zu nur einer Sorte Erdnussbutter. Deshalb spreche ich von der Wildnis – weil ich denke, dass sie gut für uns ist. Ich muss gelegentlich etwas unternehmen, um nicht zu vergessen, wie es ist, Hunger, Unbehaglichkeit und Kälte zu spüren. Ich tue manchmal alles, um es mir unangenehm zu machen, damit ich nicht den Kontakt zum Leben verliere.

Ich bin mir bewusst, dass ich äußerst privilegiert bin und mich jederzeit wieder in meine Komfortzone zurückziehen kann. Dies ist die Position, in der ich mich befinde, und das Land, in dem ich lebe. Wir haben einen peinlich hohen Anteil an Menschen in Armut, aber wir sind trotzdem ein außerordentlich wohlhabendes Land. Du betrittst dein Haus und schaltest deine Heizung oder Klimaanlage ein. Wenn es dunkel ist, schaltest du das Licht ein. Wir besitzen viele unnötige Dinge und sind stets damit beschäftigt, unser Leben zu managen. Daher kann es schön sein, in die Berge zu gehen und sich den Regeln der Natur anzupassen. In dieser rohen und direkten Erfahrung des Lebens liegt eine Freiheit. In der Natur geht man schlafen, wenn es dunkel wird. Selbst wenn du mit einer Taschenlampe ein Buch liest, ist die Batterie bald leer und du musst schlafen gehen.

Es ist nützlich darüber nachzudenken, was Glück ist. Ich spreche von tieferen Zuständen der Zufriedenheit, die mit spirituellem Erwachen und Offenbarung verbunden sind. Nimmst du dir gelegentlich Zeit – echte Zeit –, um darüber nachzudenken, was dich wirklich glücklich macht? Es ist schön, bequeme Dinge zu haben, und es ist schön, in den Kühlschrank zu greifen und zu jeder Tages- und Nachtzeit etwas Leckeres herauszuholen, aber das ist Vergnügen, das ist kein Glück. Was macht dich glücklich? Was trägt zu deinem Glück bei? Was ist deinem Glück abträglich?

Wenn wir diese Fragen tiefgehend betrachten, können sie uns zu unseren Sinnen zurückbringen, zurück zu unserem Zentrum, zurück zu unserem Herzen und zurück zu unserem Sein. Wir können wieder die einfachen Dinge lieben und schätzen. Wir können feststellen, dass wir am glücklichsten sind, wenn wir zum Wohl eines anderen beitragen. Eine positive oder wohlwollende Präsenz im Leben eines anderen zu sein, trägt wesentlich zum Glück bei.

Sich in jeder Sekunde wohl zu fühlen, macht uns nicht unbedingt glücklich. Das habe ich gespürt, als ich Jahr für Jahr in die Berge gegangen bin: Es gibt ein Glück, das ein Aspekt des Seins ist. Sein ist selbst Glück. Was trägt auch jenseits der Glückseligkeit des reinen Seins zu Glück, Liebe und Freude bei? Die Dinge, die mir in den Sinn kommen, sind nicht die Dinge, die mir die größte Leichtigkeit und den größten Komfort bringen. Ich finde Befriedigung im Beitrag zum Wohl anderer, in der Liebe und in der Verbindung mit der Natur.

Es gibt sehr viele Arten von intimen Verbindungen. Es gibt die enge Verbindung, die wir mit Freunden, Geliebten oder Familienmitgliedern haben. Nähe entsteht oft auch in zufälligen Begegnungen mit Fremden, an der Kasse im Supermarkt oder auf der Straße. Auf einer tieferen Ebene können wir eine enge Verbindung mit der Wahrheit unseres Seins, mit der heiligen Dimension des Lebens und mit dem haben, was wir „die Welt um uns herum" nennen. Der Zen-Meister Dogen sprach von Erleuchtung als einer absoluten Intimität mit den zehntausend Dingen. Wenn man im Buddhismus „die zehntausend Dinge" sagt, meint man „alles". Was ist Erleuchtung? Eine absolute Intimität mit den zehntausend Dingen. Das ist Glück.

Für einen spirituellen Lehrer ist es wunderbar, die Freude im Gesicht eines Menschen zu sehen. Jemanden zu sehen, der den nächsten Schritt in seiner eigenen Entwicklung macht – vielleicht einen großen Sprung, vielleicht einen winzigen Schritt – ist eine schöne Sache. Es gibt Dinge, die zum Glück beitragen – unserem eigenen und dem Glück anderer Menschen. Wir tun gut daran, wenn wir offenbleiben und immer wieder neu darüber reflektieren, wenn wir nicht annehmen, wir wissen es schon. Wenn wir reflektieren, können wir uns fragen: *Wie viel von meiner Energie, von meiner Lebenskraft investiere ich in das, was mich glücklich macht?* Die Frage: „Was trägt zu meinem Glück bei?" kann Gegenstand einer tiefen Kontemplation sein. Du könntest von einigen Dingen überrascht sein, die du findest.

Es kann interessant sein zu sehen, wie du zum Glück anderer beiträgst. Frag dich nicht: *Was sollte ich tun?* Verurteile dich nicht, weil du zu wenig tust. Frag dich stattdessen: *Wie mache ich's?* Niemand muss uns sagen, was uns oder was andere glücklich macht. Wir brauchen nur still zu sein und uns zu fragen, was das Glück nährt. Die Dinge, die Menschen glücklich machen, berühren das menschliche Herz und die menschliche Seele.

Finde Aktivitäten, die dich bewegen oder dir ein Gefühl der Andacht erwecken. Dazu brauchst du möglicherweise gar nicht erst in die Berge zu wandern. Was sind die Aktivitäten, die dich glücklich machen? Was hilft dir dabei, wieder in Kontakt mit deinem Glück zu kommen? Wieviel Zeit verbringst du mit diesen Aktivitäten? Mach dies zum Gegenstand deiner Kontemplation. Dann sind vielleicht deine Wege zum Glück und zum Wohlbefinden anderer viel näher, als du denkst. Dann kommen all diese Elemente zusammen – Glück, Wohlbefinden, Liebe und Mitgefühl – und du spürst, dass es möglicherweise nur eine leichte Perspektivverschiebung ist. Es sind dieselben Dinge, aber du erfährst sie etwas anders, sprichst etwas anders über sie. Und das Glück findet Raum in deinem Leben.

Unberührter Buddha-Geist

Es ist die Leere, in der alles erscheint.

Das Erforschen der subjektiven Erfahrung bedeutet, das zu erforschen, was du gerade tust und wer oder was es ist, das diese Erfahrung macht. Spirituelle Lehren gehen davon aus, dass eines der Probleme, die wir alle gemeinsam haben – der Grund, warum wir leiden, der Grund, warum wir die Welt oder uns selbst nicht als ein einheitliches Ganzes wahrnehmen – darin besteht, dass unser Geist konditioniert ist, dass unser Körper konditioniert ist und dass daher auch die Art und Weise, wie wir das Leben wahrnehmen und erfahren, konditioniert ist. Daher läge es nahe, anzunehmen, dass wir nur diese Konditionierung aufzuheben brauchen, und schon steht dem Erwachen und der Erleuchtung nichts mehr im Wege. Deshalb versuchen spirituell Praktizierende fleißig, so viel Konditionierung wie möglich zu beseitigen. Ungeachtet dieses Bestrebens gibt es immer einen Teil deines Seins und Bewusstseins, der davon unberührt bleibt. Das ist die unberührte Natur des Bewusstseins.

Wenn du genau hinschaust, wirst du feststellen, dass alle Gedanken und Vorstellungen konditioniert sind. Ein Großteil der Konditionierung ist nutzlos. Vieles davon führt zu Missverständnissen, Leiden, Angst, Wut oder Gewalt. Eine andere grundlegende Art von Konditionierung ähnelt einer Computerprogrammierung. Sie bewirkt, dass dein Herz schlägt und deine Lunge atmet, ohne dass du darüber nachdenkst oder gar verstehen musst, wie das vor sich geht. Es gibt jedoch auch einen Aspekt des Bewusstseins in jedem und in allem, der völlig frei von jeglicher Konditionierung ist. Egal wie konditioniert du bist, der wichtigste Aspekt des Bewusstseins ist unkonditioniert und wird immer unberührt bleiben. Einfach ausgedrückt ist das Bewusstsein, das sich der konditionierten Natur deines

Geistes, Körpers und sogar der konditionierten Natur des Bewusstseins bewusst ist, selbst nicht konditioniert. Du nimmst diesen Moment – gerade jetzt – mit unkonditioniertem, unberührtem Bewusstsein wahr. Du erfährst, wie dein Geist mit sich spricht, in einem unendlichen, stillen Raum. Dieses Gespräch findet unabhängig von seiner Intensität immer in dieser Stille statt. Jedes Wort, das in deinem Geist entsteht, entsteht in einem wortlosen Bewusstsein, und jedes Gefühl wird von etwas gefühlt, das kein Gefühl ist.

Man kann sagen, du kannst dein Hören nicht hören, dein Schmecken nicht schmecken und dein Tasten nicht tasten, ebenso wie du nicht physisch auf deine Wahrnehmung zugreifen kannst. Wir hören auf konditionierte Weise. Alles was wir hören, geht durch die Matrix des Bewusstseins, und dabei sagt uns unser Bewusstsein, ob es angenehm oder unangenehm ist, ob es uns gefällt oder nicht, ob wir ihm zustimmen oder nicht, und so weiter. Doch all dies findet in einem tieferen Bewusstseinszustand statt, der bedingungslos und frei vom Ego ist. Das Ego existiert in einem egolosen Zustand, genauso wie das Geräusch des Denkens in einem ruhigen, wortlosen Raum stattfindet.

Dies beruht auf direkter Erfahrung, einer Erfahrung, die jeder machen und wahrnehmen kann. Ich verbreite hier keine philosophischen Theorien. Wir können ewig versuchen, unsere Konditionierungen aufzuheben, aber das Problem ist, dass wir ebenso schnell wieder konditioniert werden, wie wir unsere Konditionierungen loswerden. Wir können versuchen, unsere Konditionierungen aufzuheben, oder wir können feststellen, dass der Grund unseres Bewusstseins bereits frei von Konditionierungen ist. Konditionierungen können in ihm entstehen und sich in ihm abspielen, aber der Grund des Bewusstseins ist selbst unkonditioniert. In buddhistischen Begriffen ist dies der unberührte Buddha-Geist – nicht der denkende Geist, nicht der begriffliche Geist. Es ist der Geist, in dem diese Begriffsbildungen stattfinden und in dem Konditionierungen entstehen und erlebt und gefühlt werden können. Im Sanskrit bedeutet das Wort Buddha „erwacht“ oder „erleuchtet“. In diesem Sinne ist dein eigenes Gewahrsein deine Buddhanatur.

Dies ist für uns nicht leicht zu erkennen, solange wir versuchen, unsere Erfahrung zu ändern. Wir sind es gewohnt, ständig zu versuchen, unsere Erfahrung zu ändern. Wir sind es nicht gewohnt, unsere Erfahrung in Ruhe zu lassen. Wenn wir unsere Erfahrung mit all unseren Wahrnehmungen in Ruhe lassen – ohne sie zu interpretieren, ohne uns vorzustellen, dass sie richtig oder falsch oder konditioniert ist oder nicht –, wenn wir alles in Ruhe lassen, beginnen wir zu begreifen, dass die Natur des Bewusstseins, die Natur des Gewahrseins, wie der Raum und der Himmel ist: unverstellt, leer. Doch es ist eine Leere, in der alles erscheint. Wir sollten jedoch mit dieser Art von Aussage vorsichtig sein – dass die Natur des Bewusstseins makellos ist und dass in ihr alles geschieht. Unser Verstand denkt dann vielleicht, dass sie getrennt von dem existiert, was geschieht. Die unberührte, reine Natur des Bewusstseins wird nicht irgendwann rein. Sie ist es schon. Selbst wenn eine Unreinheit oder ein verzerrter, konditionierter Standpunkt in ihm auftritt, ist sie selbst nicht verzerrt – aber sie ist auch nicht getrennt oder anders als das, was erscheint.

Alles, was entsteht, was erlebt, gefühlt, erkannt und wahrgenommen wird, beginnt im Bewusstsein. Es gibt keine Erfahrung, die nicht im Bewusstsein entsteht. Wenn immer alles im Bewusstsein entsteht – ob du es erkennst oder nicht –, gibt es auch nichts, was außerhalb des Bewusstseins entsteht. Es gibt nichts, was getrennt vom Bewusstsein existiert.

Ich verstehe, dass die Gefahr besteht, philosophisch zu werden und alle möglichen interessanten Fragen über die Natur der Realität zu stellen, basierend auf dem, was ich gesagt habe. Doch im Moment möchte ich nicht in die tieferen philosophischen Debatten darüber einsteigen, ob etwas existiert, ohne dass du dir dessen bewusst bist. Einige Schulen der Spiritualität würden sagen, dass bis zu dem Moment, in dem du dir dessen bewusst ist, nichts existiert, und andere Schulen würden etwas anderes sagen. Aber das ist keine Debatte, die ich jetzt führen möchte. Ich möchte darauf hinweisen, dass gerade jetzt, in diesem Moment, alles, was sich in deinem Bewusstsein befindet, notwendigerweise (bis zu einem gewissen Grad) durch das Bewusstsein bedingt ist, das sich dieses Moments bewusst ist. Das Bewusstsein ist sich der Konditionierung bewusst, ist aber selbst nicht konditioniert.

Ich stoße hier an die Grenzen der Sprache – indem ich behaupte, dass die Natur des Bewusstseins gleichzeitig konditioniert und nicht konditioniert sein kann. Doch wenn du das bemerkst, dann ist der bloße Akt des Erkennens unberührt und unkonditioniert. Der sekundäre

Akt – darüber nachzudenken, was du bemerkst, siehst oder hörst, es zu analysieren und es dir selbst oder jemand anderem zu beschreiben – ist konditioniert. Konditionierung bedeutet nicht immer „schlecht", da Konditionierung dein Herz schlagen lässt und deine Neuronen abfeuert. In spirituellen Kreisen wird viel darüber gesprochen, wie unsere persönliche Konditionierung Chaos, Leiden, Wut und Aufregung verursacht. Deshalb neigen wir dazu, Konditionierung nur in einem negativen Sinne zu betrachten. Aber wie ich bereits erwähnt habe, gibt es eine ganze Reihe von positiven Konditionierungen. Das meiste, was gerade in deinem Gehirn passiert, um dir die Erfahrung dieses Moments zu ermöglichen, geschieht von selbst, weil es konditioniert ist – es ist programmiert.

Es gab einen Zen-Meister aus dem 17. Jahrhundert namens Bankei Yotaku. Als er noch ein Suchender war, versuchte er Tag und Nacht zu meditieren, bis seine Beine nahezu verkümmerten und er fast an Tuberkulose starb. Als er kurz davor war zu sterben, hatte er ein großes Erwachen. Er nannte dies den „ungeborenen Buddha-Geist" und wies darauf hin, dass die einfachen Dinge – wie zu hören und gewahr zu sein, dass wir hören – aufgrund dieses ungeborenen Buddha-Geistes auftreten. Was wir hören, mag konditioniert sein, aber der ungeborene Buddha-Geist ist es nicht. Was du siehst, kann konditioniert sein, kann für seine Existenz von seiner gesamten Umgebung abhängen und wird daher von seiner Umgebung konditioniert, der ungeborene Buddha-Geist jedoch nicht.

Ich sage keinesfalls, dass das Bewusstsein von der Umwelt getrennt ist. Denn das ist nicht der Fall. Doch versuche einmal zu sehen, wie unkonditioniert dein Bewusstsein ist – nicht die Gedanken, die in deinem Bewusstsein herumtreiben, nicht die Gefühle, die in deinem Bewusstsein aufsteigen – nur das Bewusstsein oder Gewahrsein selbst. Du kannst dich gedanklich dem annähern, wovon ich spreche, aber erst wenn du erkennst und siehst, dass es eine unkonditionierte Natur unseres Seins gibt, die unberührt bleibt, ist es der Buddha-Geist. Dieser unkonditionierte, unberührte Buddha-Geist existiert in jedem.

Ich sage jedoch nicht, dass du dich in diesem Buddha-Geist vor deiner Konditionierung verstecken sollst. Das wäre Unsinn. Es kann sehr heilsam sein, wenn der konditionierte Aspekt deines Seins auf bewusste und wissende Weise mit der unkonditionierten Natur des Bewusstseins zusammenwirkt. Wenn sich das Konditionierte und das Unkonditionierte bewusst treffen, ist dies ein enorm starkes Lösungsmittel für unnötige Konditionierungen. Das Konditionierte und das Unkonditionierte als zwei Dinge zu sehen, ist wie zwei Kehrseiten zu sehen, aber keine Medaille: Von einer Seite ist sie konditioniert, aber dreh sie um und sie ist unkonditioniert. Aber es ist dieselbe Medaille. Wenn wir jedoch unser Gewahrsein dafür wecken, gibt es ein anderes Element: Wir sind uns gewahr, was passiert.

Bewusstes Gewahrsein ist etwas anderes als unbewusstes Gewahrsein. Sich der unberührten Natur des Grundes deines bewussten Seins – deines Buddha-Geists – bewusst zu sein, ist ein völlig anderer Seinszustand, als nur die konditionierte Natur deines Seins zu kennen. Es geht nicht darum, das eine oder das andere zu haben. Es geht darum, Kopf und Zahl derselben Medaille zu sehen. Wenn du dir der konditionierten und der unkonditionierten Natur deines Seins bewusst bist, wird eine Verbindung hergestellt und ein Wandel geschieht, weil das Bewusstsein im ganzen Wesen vorhanden ist.

Etwas enorm Befreiendes geschieht, wenn das Unkonditionierte dem Konditionierten begegnet und du dabei nicht das eine dem anderen vorziehst, wenn du nicht das Unkonditionierte ergreifst und das Konditionierte verdrängst, sondern siehst, dass beide gleichzeitig existieren. Es ist erstaunlich zu sehen, dass es von Beginn an einen Aspekt des Bewusstseins gibt, einen Aspekt des Gewahrseins, der unberührt und unkonditioniert ist und immer so bleibt. Es ist transformierend, weil du dann viel mehr von deinem Sein in deine bewusste Erkenntnis einbeziehst. Ich spreche nicht über etwas, dessen du dir bewusst bist, sondern über die Natur deines Bewusstseins selbst: Es ist von Anfang an klar, unkonditioniert und frei von Vorstellungen, die es verzerren oder trüben könnten. Sobald du eine Vorstellung aufgreifst, beginnt diese Vorstellung, dein Bewusstsein zu konditionieren – die Art und Weise wie du Dinge siehst, wie du dich dabei fühlst und wie du über sie denkst.

Wenn dieser Konditionierungsprozess stattfindet und sich entfaltet, geschieht dies innerhalb der unberührten Buddhanatur, innerhalb der unkonditionierten Natur des Bewusstseins oder des Gewahrseins. Das ist umwerfend einfach. Sobald du es siehst, fragst du dich, wie du es jemals nicht sehen konntest, weil es nicht verborgen ist. Es ist nichts Obskures daran. Es sind keine komplizierten Gedanken, die dir dabei helfen, dorthin zu gelangen. Einfach ausgedrückt, für diesen Moment treibst du nicht mehr im Strom der Begriffe. Der Geist mag mit sich selbst sprechen, aber er spricht mit sich selbst in einem Raum, der nicht spricht.

Stell dir das Bewusstsein als einen Raum für alles vor, was ist. Stell dir vor, du gehst in eine Konzerthalle. Wenn keine Symphonie gespielt wird, ist es ganz still. Wenn eine Symphonie ertönt, gibt es Musik. Die Symphonie ist jedoch nur zu hören, weil es im Raum still ist, obwohl der Raum voller Töne ist. Ich weiß, das ist schwer zu verstehen. Wir müssen dazu für einen Moment die Gesetze unserer Logik etwas relativieren. Wie kann es gleichzeitig Töne geben und Stille? Halte einen Moment inne und schau es dir an. Wenn es keine Stille gäbe, in der Geräusche auftreten könnten, gäbe es keine Geräusche. Stille und Geräusche gehören zusammen. Eine Rock'n'Roll-Band kann in die Konzerthalle kommen und spielen. Plötzlich zittern die Wände mit dem Klang der Musik, aber es ändert nichts an der Natur des Raumes. Der Raum ist derselbe Raum, egal ob er gefüllt ist mit Lärm, gutem Rock'n'Roll, schlechtem Rock'n'Roll, guter Symphoniemusik, Jazz oder gar nichts. Die Natur des Raumes in der Halle ist wie die Natur des Himmels – Wolken kommen, Wolken gehen, Schnee kommt und geht, aber der Himmel hat seine eigene Reinheit und seine eigene Art, unverstellt zu sein. Deshalb wird der Himmel als Metapher für die unkonditionierte Natur des Bewusstseins verwendet, weil er bereits vorhanden ist und weil er immer so rein ist wie eh und je, egal was im Himmel oder im Bewusstsein vor sich geht. Wolken und Schnee sind Dinge, die im Raum des Himmels existieren und den Himmel selbst nicht verstellen können.

Der Himmel und die Konzerthalle sind Metaphern für unsere unmittelbarste Erfahrung und unsere unmittelbarste Wahrnehmung des Seins. Die unmittelbarste Wahrnehmung ist unkonditionierte Stille – eine Stille, die eintritt, wenn unser Geist aufhört, mit sich selbst zu sprechen. Dann gibt es eine andere Stille, eine subtilere und grundlegende Stille. Das ist die Stille, in der dein Geist mit sich selbst spricht. Die Stille, in der dein Geist mit sich selbst spricht, bleibt jedoch Stille, selbst wenn dein Geist in ihr spricht und Geräusche macht. Wir denken immer in dualistischen Begriffen – still oder nicht still, Lärm oder kein Lärm – aber die Beschreibung des Dings ist nicht das Ding an sich. Es kann sowohl Stille als auch Töne geben. Es gibt jedoch keinen Ton ohne Stille, und wenn es einen Ton gibt, gibt es immer auch die Stille. Das so zu sagen, erscheint unlogisch.

Wenn wir aufhören zu glauben, dass die Realität unseren dualistischen Vorstellungen entsprechen muss, können wir unsere Aufmerksamkeit für die Dinge öffnen, wie sie sind, statt wie wir sie uns vorstellen. Hier können wir dem unberührten Buddha-Geist begegnen – dem Bewusstsein, das immer still, immer wach, immer gegenwärtig ist. Es ist keine Erfahrung. Es ist der Raum, in dem Erfahrung entsteht. Daher ist es auch nichts anderes als Erfahrung und nicht von ihr getrennt. Dies zu erkennen, ist lebensverändernd und heilend, denn es gibt uns einen sicheren Ort, an dem die Konditionierungen, die nicht funktionieren oder nicht auf der Wahrheit beruhen, sich auflösen können. Es kann eine Transformation geben, indem das Zusammenspiel der konditionierten und der unkonditionierten, subtilen oder offensichtlichen, unberührten Natur deines Bewusstseins wahrgenommen wird.

In Stille sein

Was bedeutet es, wenn wir sagen:
„Ich bin"?

Denk an diese zwei Wörter: *still sein.* Nicht „Sei still", was eher wie ein Befehl klingt, wie etwas, das du tun sollst. Doch still sein ist etwas anderes. Es ist kein Befehl, und es impliziert, dass gerade etwas passiert, etwas das als „Stille" bezeichnet wird und das wir sein können. „Sei still" kann interpretiert werden als: *Oh, da ist etwas, was ich tun muss. Ich muss still sein, und ich kann gut darin sein oder auch nicht.* Aber „sein" sagt dir nicht, dass du etwas tun oder nicht tun sollst.

Was bedeutet es für dich *in Stille zu sein*? Schon das Aussprechen der Worte führt dazu, dass man eine Stille erlebt. Wir versuchen nicht, still zu sein und nehmen die Worte nicht als Anweisung oder als etwas, das wir tun müssen. Der Satz ist phantasievoller. Er ist wie ein leises Flüstern, das dir gelegentlich in den Sinn kommt ... *in Stille sein.* Es ist eine Möglichkeit, deine Aufmerksamkeit auf die Stille zu legen, anstatt zu versuchen, Stille zu erzeugen. Das ist ein großer Unterschied. Vielleicht klingt das wie eine Spitzfindigkeit. Doch ich meine, es ist elementarer. Genau wie der unberührte Buddha-Geist, der bereits existiert, ist „in Stille sein" etwas, dessen du dir bewusstwerden kannst und das du bemerkst. Spüre, dass du *in Stille bist.*

Es ist kurios, dass wir in der menschlichen Welt Schwierigkeiten haben können, einen Ort zu finden, an dem wir Menschen noch in Stille sein können. Wir sind eine geräuschvolle Spezies, und ich trage womöglich mit meinen Worten noch zu diesem Lärm bei. Wenn wir uns in der Natur oder in einer Umgebung, in der nicht viele Menschen Lärm machen, aufhalten, ist es erstaunlich, wie viel im Leben still und ruhig ist, und es ist erstaunlich, wie viel in dieser Stille und dieser Ruhe passiert.

Ein großer Teil der Spiritualität besteht darin, die Natur des Seins und die Natur des Daseins zu erforschen. *Was bedeutet es zu existieren? Was bedeutet es zu sein? Wer bin ich?* Diese Fragen beschäftigen sich mit dem Geheimnis des Daseins. An jedem Menschen, dem wir begegnen, gibt es etwas, das unter die Kategorie „Sein" fällt – einen Aspekt, der nicht durch Beruf, Religionszugehörigkeit, Familiengeschichte oder durch Hoffnungen und Wünsche für die Zukunft definiert wird. Es gibt etwas Direkteres als das, etwas Unmittelbares, dem wir begegnen. Das ist unser Sein. Es ist etwas, das wir gewöhnlich ignorieren, weil das Sein nicht begrifflich zu fassen ist. Wir können über unsere Arbeit sprechen, wir können über Interessen sprechen, wir können darüber sprechen, was wir mögen und was wir nicht mögen, aber über Sein oder Dasein gibt es nicht viel zu sprechen – zumindest nicht an der Oberfläche. Wenn wir tiefer gehen, sehen wir, dass das Sein das wesentliche Geheimnis unserer Existenz ist. Was bedeutet es, wenn wir sagen: „Ich bin"? Das „Ich bin" ist ein unglaubliches Geheimnis.

Spiritualität ist im Wesentlichen die Erforschung des Seins. Es ist die Erforschung unserer Erfahrung, unserer Wahrnehmung des Seins, des Daseins, unseres Selbst, unseres Lebens – nicht nur unseres eigenen Lebens, sondern auch der Natur des Daseins an sich. Das Sein ist schwer begrifflich zu fassen, aber jedes Mal, wenn wir einen Menschen treffen, begegnen wir dem Sein. Wenn wir uns mit den Dingen des Lebens befassen, ist unser Sein die grundlegendste Ebene. Doch was ist die Natur meines Seins oder Daseins? Was sind wir auf der Ebene des Seins? Was sind wir auf dieser tiefgreifenden und grundlegenden Ebene? Bereits als Neugeborenes, noch bevor du sprichst, *bist* du. Säuglinge leben die ganze Fülle ihres Seins, obwohl sie noch kein einziges Wort denken und wir ihnen noch nichts beigebracht haben. Sobald wir Wörter und Sprache lernen, wird unser Sein von ihnen umhüllt, und wir sind fasziniert von dem, was wir sagen.

Ich versuche mein Bestes, um nicht von dem, was ich sage, fasziniert zu sein. Ich versuche etwas zu kommunizieren, das nicht das Wort ist, das keine Sprache ist, sondern das unmittelbar, augenblicklich und intuitiv zu verstehen ist. Wenn wir zu sehr im begrifflichen Verstand gefangen sind, gerät unsere Einsicht aus dem Blick. Obwohl ich gerade Konzepte verwende, um dir dies zu erklären, und du Konzepte verwendest, um zu verstehen was ich schreibe, gibt es etwas Grundlegenderes. Jeder bewusste Moment ist ein Moment des Seins. Wir erleben jene Momente, in denen wir den spontanen und natürlichen Genuss oder die Glückseligkeit des Daseins in irgendeiner Form fühlen und in denen das Sein an sich glückselig und schön ist. Was in diesem Sein geschieht, wird manchmal als schön erlebt. Doch manchmal ist die Erfahrung alles andere als schön. Es wird uns jedoch nicht beigebracht, unserem bloßen, grundlegenden Sein Aufmerksamkeit zu schenken. Wir lernen, unsere Aufmerksamkeit auf unser Selbstbild und unsere Vorstellung von uns selbst zu richten: *Bin ich spirituell genug? Bin ich ein Materialist? Bin ich talentiert oder nicht talentiert? Wie gut sehe ich aus? Was ist mein Beruf? Was sind meine Interessen?* Wenn wir versuchen, uns jemandem zu beschreiben, beziehen wir uns auf all diese Dinge. Die Ironie dabei ist, dass der Kern unserer Existenz die grundlegende Erfahrung des Seins und des Daseins ist. Worte können nicht vollständig beschreiben, was das sein soll.

Ich bin sicher, es gibt Menschen, die ihr ganzes Leben lang keinen Sekundenbruchteil darüber nachdenken. Ich gehöre nicht zu dieser Gruppe. Ich bin einer von denen, die schon immer voll Erstaunen für das Geheimnis des Daseins waren. Ich meine nicht, dass es sich immer gut anfühlt. Das Dasein kann durchaus etwas Schreckliches haben. Doch die reine Erfahrung des Seins ist Freiheit. Nicht dies oder das zu sein, nicht etwas zu sein, das man durch das eigene Tun definieren kann, das man mag oder nicht mag oder was auch immer, sondern einfach nur *zu sein*, ist ein erstaunliches Wunder.

Wenn ich „Wunder" sage, will ich damit nicht alle Schwierigkeiten, die im Leben auftreten, schönreden. Doch die Erfahrung des Seins ist in allem. Ich mache das Sein nicht zu einer Sache. Ich sage nicht: „Da ist dieses Ding in dir, das ‚Sein' genannt wird", als ob du über eine geheime Essenz verfügst. Sein ist ganz einfach. Es ist der bloße Akt des Daseins. In diesem Sinne sind Sein und Bewusstsein dasselbe. Sein heißt, auf irgendeine Weise bewusst zu sein und das Wunder des Daseins zu erleben. Dass es überhaupt irgendetwas gibt, statt gar nichts, erfordert Bewusstsein, Gewahrsein, also ist „Sein" gleichbedeutend mit „Bewusstsein" oder „Gewahrsein". Wir alle wünschen uns zu sein. Wir sehnen uns nach der Glückseligkeit des Seins, nach der Freiheit und der Freude, loszulassen – nicht dies oder das zu sein oder jemand zu sein oder nichts zu sein, oder wie auch immer du es definieren würdest – sondern zu sein.

Meditation ist die Kunst des Seins. Leider machen wir daraus oft die Kunst des Tuns. Wir fragen: *Was mache ich? Ich meditiere. Was ist das? Ich versuche zu sein.* Manchmal machen wir uns zu viel unnötige Mühe. Meditation ist die Kunst still zu sein, da zu sein. Du musst nichts tun, um zu sein – du bist und ich bin. Nichts ist erforderlich für dich, um zu sein. „Ich bin" erfordert nichts weiter. Es besteht keine Notwendigkeit, es darüber hinaus zu definieren. *Ich bin gut, ich bin schlecht, ich habe Recht, ich habe Unrecht* – diese Gedanken sind auch Teil des Lebens, aber nichts davon definiert das Sein. Der bloße Akt der Existenz, der bloße Akt des Seins und des Bewusstseins sind ihr eigenes Wunder.

Sein, Bewusstsein, Wahrheit, Glückseligkeit – zusammengesetzt bilden sie das Sanskrit-Wort *SatChitAnanda* – … was die Erfahrung angeht, so ist damit gemeint, bewusst statt unbewusst zu sein und achtsam zu sein, statt am Steuer einzuschlafen, angetrieben von Impulsen und Konditionierung. Wir wären dann zwar immer noch, aber auf unbewusste Weise. Deshalb verwenden wir in der Spiritualität das Wort „Erwachen". Erwachen bedeutet, dass wir nicht mehr am Steuer schlafen. Wenn wir schlafen, sind wir zwar immer noch, aber unbewusst, und unsere Konditionierung hat uns fest im Griff. Wir können auf diese Weise sein, aber es ist unbefriedigend.

Wenn unser Sein nicht über den konditionierten Status hinauskommt, ist unbewusstes Leid die Folge. Leider kommen die meisten Menschen bei ihrer Erkundung des Lebens über diesen Status nicht hinaus. Sein heißt jedoch, bewusst zu sein, ohne zu versuchen, dies oder das zu sein. Sein heißt, den Grund deines Seins zu erfahren, der zu Glückseligkeit führt. Diese Aspekte der wahren Natur sind nicht immer klar, besonders wenn wir uns in unseren Begriffen und Emotionen verlieren. Dies sind die beiden Hauptbezugspunkte, an denen Menschen hängen. Einige Menschen sind im Denken, andere in den Emotionen. Beide haben ihre Stärken und Schwächen. Doch bezüglich des Seins spielt die Orientierung hinsichtlich Gedanken oder Gefühlen keine entscheidende Rolle. Das Sein ist etwas Unmittelbares und Grundlegendes.

Das Sein ist die wahre Grundnatur dessen, was wir sind. Es klingt paradox – wir sind alles und nichts – aber in all dem sind wir der unberührte

Buddha-Geist, das reine, unkonditionierte Bewusstsein und gleichzeitig die Gesamtheit unserer Umgebung. Das heißt, wir sind eins mit allem. Wir sind alles. Wir sind also alles, und wir sind nichts, und wie auch immer wir das benennen wollen, wir sind auch das Sein – wir sind das Sein der Leerheit, wir sind das Sein der Allheit. Der bloße Akt, selbst zu sein, zu existieren, ist das grundlegendste Verständnis von „Ich bin". Keine Definition, kein: *ich bin dies, ich bin jenes, ich bin gut, ich bin schlecht, ich bin richtig, ich bin falsch, ich bin spirituell, ich bin unspirituell, ich bin erleuchtet, ich bin nicht erleuchtet.* All das ist die Welt der Beschreibung. Doch noch vor der Welt der Beschreibung gibt es das „Ich bin", und noch davor gibt es das Sein. Im Sein gibt es keine Spannung, keine Angst und keine Bewertung. Es gibt reine Gegenwart, reine Existenz und reine Stille.

Es ist wichtig, es mit der Beschreibung des Unbeschreiblichen nicht zu übertreiben, sondern die Lücke zwischen den Beschreibungen zu schließen, so stark oder schwach sie auch sein mögen, um die tiefste und direkteste Erfahrung des Seins zu erreichen – die Glückseligkeit, die Klarheit und das tiefe Gefühl von „Alles ist gut." Wenn wir damit verbunden sind, haben wir eine neue Grundlage, unser Leben zu leben und Herausforderungen zu meistern.

Geburt, Leben und Tod erforschen

Zu keinem Zeitpunkt ist die Welle etwas anderes als der Ozean, und zu keinem Zeitpunkt ist der Ozean etwas anderes als die Welle.

Unsere gesamte Existenz dreht sich um die Geburt, das Leben und dann den endgültigen Höhepunkt im Tod. Alle drei Prozesse können auf verschiedene Weise erlebt werden – mit Staunen und Freude, als Leiden und Qual, als Erleichterung und Frieden. Sie reflektieren die gesamte Bandbreite der menschlichen Erfahrung. Wir können uns einbilden, dass wir nur am Leben beteiligt sind, aber alle drei dieser Phasen gehören zusammen. Du kannst nicht eine ohne die anderen beiden haben.

Ich möchte hier darauf hinweisen, dass ich die konventionellen Ansichten von Geburt, Leben und Tod hinterfragen werde. Wenn wir uns diese Dinge genauer ansehen wollen, ist zu erwarten, dass wir sie aus einer unkonventionellen Perspektive betrachten. In diesem Sinne bedeutet „eine unkonventionelle Perspektive" die Sicht des erwachten Bewusstseins.

Wir betrachten Geburt, Leben und Tod als sequentiell: Unser irdisches Leben beginnt bei der Geburt und endet mit dem Tod. Aus dieser konventionellen Perspektive ist es schwierig, die Realität des Erlebens dieser Dinge infrage zu stellen. Wir erleben die Geburt, wenn wir geboren werden, wir erleben das Leben, wenn wir leben, und dann denken wir im herkömmlichen Sinne an das Ende unseres Lebens als den Tod. Der Zen-Buddhismus lehrt uns, dass die „große Angelegenheit", der ganze Grund für Meditation und spirituelle Praxis, darin besteht, die Frage nach Geburt, Leben und Tod zu lösen. Das ist eine große Angelegenheit. Anstelle sie zu lösen, geh sie an, denn lösen bedeutet, dass wir damit fertig sind – wir haben die Antwort gefunden und sie hat eine gewisse Endgültigkeit. Doch wenn wir eine Frage angehen, beschäftigen wir uns weiterhin mit ihr und bleiben dabei ergebnisoffen.

Bei der Suche nach Erleuchtung geht es um außerordentlich tiefe Beobachtung und darum, neugierig auf unsere aktuelle Erfahrung zu bleiben. Viele von uns denken, dass die Suche nach Erleuchtung eine Suche nach einer Erfahrung ist, die jetzt nicht vorhanden ist, etwas, das man als „Erleuchtungserfahrung" bezeichnen könnte. Doch dies ist ein Missverständnis. Bei Erleuchtung geht es darum, das Tor zu öffnen, damit die Gnade der Erleuchtung in uns einfließen kann. Wir finden keine Erleuchtung, weil wir nach einer bestimmten Erfahrung suchen, die „Erleuchtung" genannt wird. Erleuchtung offenbart sich durch die stetige Erforschung unserer aktuellen Erfahrung. Es spielt keine Rolle, was unsere aktuelle Erfahrung ist, denn die Erforschung der Erfahrung beinhaltet die Erforschung der Natur der Erfahrung und der Natur des Erfahrenden. Diese sind ein und dasselbe.

Erleuchtung und Erwachen sind wie das Knacken einer Nuss: der Nuss der Erfahrung. Es ist, als würde man unsere Erfahrung auf eine weiter und tiefer gehende Weise öffnen. Es beinhaltet eine intensive, konzentrierte Aufmerksamkeit auf den gegenwärtigen Moment der Erfahrung. Erleuchtung ist nicht zu finden, wenn du auf der Suche nach anderen Erfahrungen bist oder versuchst, deine gegenwärtige Erfahrung zu verändern. Allein schon auf die Natur deiner Geburt und deines Todes zu schauen, sie zu beobachten, beeinflusst deine Erfahrung. Es wird deine Erfahrung positiv verändern. Bewusster zu werden fühlt sich gut an. Obwohl sich unsere Erfahrung durch das Beobachten ändert, ist Erleuchtung nicht die Suche nach einer veränderten Erfahrung. Obwohl Erleuchtung unsere Erfahrung und unsere Wahrnehmung des gegenwärtigen Augenblicks verändert, geht es nicht um besondere Zustände. Diese anzustreben wäre eine Verfehlung des Weges.

Wir sollten lieber darüber nachdenken, wie wir unserer spirituellen Sehnsucht nachkommen können. Es spielt keine Rolle, welche Begriffe wir verwenden, „Erleuchtung", „Freiheit", „Einheit" oder „das göttliche Geheimnis". Grundsätzlich geht es um die wahre Natur unserer gegenwärtigen Erfahrung des Seins. Mit anderen Worten: *Was sind wir? Was bin ich? Was ist diese Welt? Was ist Geburt? Was ist Leben? Was ist der Tod?* Was sind diese Phänomene jenseits dessen, was man uns beigebracht hat, und jenseits unseres konventionellen Verständnisses? Unser konventionelles Verständnis hilft uns nicht weiter. Unser konventionelles Verständnis von Geburt, Leben und Tod verwirrt uns und erzeugt am Ende mehr Spannung, Ängstlichkeit, Furcht und Leiden als nötig.

Versuche, diese Aussagen intuitiv mit deiner Erfahrung zusammenzubringen. Das bedeutet nicht, dass du alles genau so erleben wirst, wie ich es beschreibe. Ich möchte nicht, dass du dies so liest, als wäre es ein Lehrbuch mit vielen Informationen, die du dir aneignen kannst. Das wäre ein Missverständnis dessen, worum es beim Dharma geht. Was Buddhisten „Dharma" oder spirituelle Wahrheit nennen, ist nichts, was man lernen kann. Es ist nicht so, als würde man sich hinsetzen und einen Vortrag über Biologie, Chemie oder Physik hören und anschließend mehr über Biologie, Chemie und das Lösen physikalischer Gleichungen wissen. Bei der Spiritualität bemühen wir uns, über bloße Informationen, über das Sammeln von Ideen und Konzepten und theoretischen Formen des Verstehens hinaus zu gehen. Wenn du diesen Ratschlägen über den Umgang mit Spiritualität auf den Grund gehst, wirst du viel weniger Zeit verschwenden.

Wenn ich sage: „Du wirst viel weniger Zeit verschwenden", meine ich, dass dieses ganze Bestreben, die große Angelegenheit von Geburt, Leben und Tod zu lösen oder anzugehen, Jahre weniger dauern kann – wenn nicht Jahrzehnte oder gar Menschenleben weniger – wenn du verstehst, wie du sie angehen sollst. Wenn wir nicht wissen, wie wir sie angehen sollen, ist es so, als würde dir jemand ein Instrument geben und sagen: „Bitte schön. Lerne, wie man das spielt." Du kannst Geräusche machen und Noten lernen, aber Musik erklingen zu lassen, erfordert qualifizierte Anleitung. Wenn du lernen möchtest, wie man ein Instrument spielt, und wenn du deine Zeit optimal nutzen und der beste Musiker werden möchtest, der du sein kannst, musst du wissen, wie man übt. Du bläst nicht einfach in das Ding hinein und hoffst, dass Musik herauskommt. Es gibt eine genaue Technik, wie man ein Instrument spielt. Auch wenn Spiritualität nicht gleichbedeutend ist mit dem Lernen von bestimmten Techniken, ist es wichtig, dass wir zumindest den grundlegenden Ansatz verstehen, der andere spirituelle Suchende geleitet hat.

Der grundlegende Ansatz in diesem Fall besteht darin, für einen Moment die Suche nach etwas außerhalb deiner aktuellen Erfahrung loszulassen.

Vielleicht bist du glücklich mit deiner aktuellen Erfahrung oder auch nicht. Doch so oder so geht es um die tiefe Erforschung des Hier und Jetzt. Das ist Spiritualität, und dafür sind spirituelle Disziplinen da. Es ist wichtig zu verstehen, wozu sie dienen. Andernfalls könntest du sie verwenden, um etwas in der Zukunft hinterher zu jagen, was dazu führt, dass du nichts anderes tust, als dich im Kreis zu bewegen, wie ein Hund, der seinen Schwanz jagt.

Um Geburt, Leben und Tod zu erforschen, fragen wir: „Was sind wir?" Dies mögen zwar wieder nur Worte sein, doch sind sie gezielt. Sie beschreiben so gut ich kann, wie ich die Dinge sehe. Wenn wir die Beschreibung nicht mit dem verwechseln, was ich beschreibe, sind die Worte vielleicht nützlich. Im Restaurant würdest du die Speisekarte ja auch nicht mit dem Essen verwechseln. Die Speisekarte hilft dir, dich zu orientieren und der Bedienung mitzuteilen, was du essen möchtest. Aber die Speisekarte wird deinen Hunger nicht stillen und dir nicht die Nährstoffe geben, nach denen sich dein Körper sehnt und die er benötigt. So ist es auch mit einer Lehre wie dieser. Meine Worte sind wie die Speisekarte, aber die Mahlzeit ist deine persönliche Erfahrung. Mein Vorschlag ist, intuitiv zu fühlen und mit dem zu sitzen, was ich sage, welche Form es in dir auch immer annehmen mag.

Im Allgemeinen ist unsere konventionelle Sicht auf uns selbst – eigentlich auf alles, aber in diesem Fall auf uns selbst – einfach. Wir meinen, unsere Haut ist unsere Grenze, und wir stecken irgendwie in unserem Körper. Intuitiv gibt es das Gefühl, „irgendwie hier drin" zu sein, was auch immer „ich" sein mag. Und dieses Ich ist in meinem Körper. Die meisten Menschen sagen, wenn sie gefragt werden, ob sie intuitiv spüren, wo sich ihr Selbst im Körper befindet, dass es sich irgendwo hinter den Augen befindet. Es ist, als ob es ein Gefühl gibt – keine Realität, sondern ein vages Gefühl – dass sich ein kleiner Mann oder eine kleine Frau oder eine Ich-Struktur in uns befindet, die unseren Körper steuert und das Leben durch ihn erfährt. Vielleicht glaubst du auch, reiner Geist oder reines Bewusstsein zu sein (oder wie immer du das nennen willst). Wenn das deine Erfahrung ist, dann ist das natürlich etwas anderes. Doch davon spreche ich hier nicht. Ich spreche hier davon, wie der Durchschnittsmensch sich selbst erlebt.

Wenn wir es von einer tieferen Ebene aus betrachten, nehmen sich die meisten von uns hauptsächlich durch die Art und Weise wahr, wie ihr

Verstand mit sich selbst (oder über sich selbst) spricht. Und das Ganze wird von unseren Erinnerungen unterstützt und erzeugt. Stell dir vor, du hättest plötzlich kein Gedächtnis mehr, und wenn du zurückblickst, wer du in der Vergangenheit warst, gäbe es keine Kindheit, keine Jugend und keinen Hinweis auf irgendetwas, was vorher kam – nicht einmal auf fünf Minuten, nicht einmal auf eine Minute. Kannst du sehen, wie du dann nicht einmal wissen würdest, wer du eigentlich bist? So sehr verlassen wir uns aus der Ego-Perspektive auf unsere Erinnerungen. Das geschieht völlig unbewusst. Wir sitzen nicht herum und sagen: „Ich werde mich an mich selbst erinnern", aber die Erinnerungen sind in unseren Gehirnzellen gespeichert. Sie sind der Filter, durch den wir jeden Moment sehen. Sie färben jede Handlung und jede Erfahrung. Unsere Erfahrungen werden durch die Vergangenheit gefiltert, aber wenn du dir vorstellst, dass es keine Vergangenheit gibt – wie als wenn du irgendwann vom Himmel gefallen wärst – wer oder was wärst du dann?

Wenn es keine Erinnerung gäbe und du plötzlich bei Bewusstsein wärst, könnte es sich anfühlen wie: *Huch? Wo bin ich jetzt?* Du hättest keinen Bezugspunkt oder keine Vorgeschichte, um dir zu sagen, wo du dich befindest, ob du dich in deinem Haus befindest oder ob die Uhr, die du trägst, dir gehört oder wo du die Kleidung herhast, die du trägst. Wenn wir darüber nachdenken, bekommen wir ein Gefühl dafür, wie sehr unser Selbstgefühl durch die Erinnerungen aus der Vergangenheit abgeleitet wird. Dies geschieht so automatisch, dass wir uns des Prozesses nicht bewusst sind. Doch es bestimmt im Wesentlichen unser verinnerlichtes Gefühl dafür, wer wir sind. Zu sagen, dass sich unser Selbstgefühl aus der Vergangenheit ableitet, ist gleichbedeutend damit, zu sagen, dass es sich aus unserer Konditionierung ableitet. Denn die Vergangenheit veranlasst uns, bestimmte Meinungen und Gefühle über bestimmte Ereignisse zu haben. Wenn du jedoch überhaupt kein Gedächtnis hättest, würdest du dich nicht in Form deiner alltäglichen Ideen und Gefühle über dich selbst erleben. Du hättest nichts, mit dem du ein Selbst erzeugen könntest.

Manchmal, wenn Menschen einen intuitiven Einblick in das bekommen, wovon ich hier spreche, erleben sie eine Kombination aus Nervenkitzel und Angst. Es ist, als würde man sagen: „Endlich! Freiheit!", weil wir von einer psychologischen Last befreit werden, die in den Erinnerungen enthalten ist und in den gegenwärtigen Moment getragen wird.

Wenn du diese Last nicht hättest, wären alle Probleme, die du gestern und an jedem Tag zuvor hattest, plötzlich verschwunden. Das Leben würde in diesem Moment von neuem beginnen, zumindest soweit es dich betraf, weil du dich nicht an den vorherigen Moment erinnern könntest.

Ich male dieses Bild, damit du die Schwäche unseres konventionellen Selbstgefühls sehen kannst, das durch Erinnerungen entsteht. Es hat überhaupt nicht viel mit dem gegenwärtigen Moment zu tun. Wenn wir anfangen, unsere wahre Natur zu untersuchen und uns fragen: „Was bin ich?", beginnen wir, über unsere Identifikation mit der Vergangenheit hinauszuschauen. Alle Erinnerungen werden durch Bilder, Gedanken und Gefühle in unserem Geist gespeichert. Wenn wir nachschauen, dauert es nicht lange, bis wir feststellen, dass ich kein Gedanke bin und du auch nicht. Eine andere Möglichkeit, dies zu verstehen, besteht darin, es umzudrehen und aus der Sicht des Egos zu betrachten: Ich bin nur abgeleitet. Das Ego wird nur durch Gedanken und Erinnerungen und unabhängig vom aktuellen Gefühlszustand abgeleitet. So baut es sich von Moment zu Moment auf. Es entsteht jeden Augenblick durch Erinnerungen, Selbstgespräche und die dazugehörigen Gefühle.

Das ist eine einfache Art zu erklären, wie sich unser Ego-Selbst konstruiert. Es fühlt sich intuitiv so an wie: *Ich bin hier irgendwo drin*, im Kopf oder im Körper. *Ich bin hier drin und bediene dieses Ding* – als ob der Körper ein Auto wäre und du auf dem Fahrersitz sitzt. Wenn wir dieses Bild jedoch genau untersuchen, beginnt es schnell in sich zusammenzubrechen. Wir erkennen, dass die Art und Weise wie uns beigebracht wurde, uns auf uns selbst zu beziehen, durch unser Denken, Fühlen und Erinnern abgeleitet wird.

Doch etwas von uns bleibt bestehen, selbst wenn wir uns nicht bewusst erinnern oder nachdenken. Auch in der Meditation, in der wir Zustände erleben, die nicht mehr von unbewussten Gedanken verstellt sind, lösen wir uns nicht in Luft auf. Es ist faszinierend, wenn man erst einmal damit angefangen hat. Wir stellen fest, dass wir, wenn wir irgendetwas einen Namen geben – wie „Baum" oder „Auto" oder „Wolke" oder „Blatt Papier" oder auch den Namen, den du bei der Geburt erhältst – eine konditionierte Sichtweise dieses Gegenstands haben. Wir sehen unseren Körper als einen solchen Gegenstand, der sich durch Raum und Zeit bewegt, während er an der frischen Luft auf der Erde wandelt. Wenn du jedoch deinen Körper betrachtest, bemerkst du, dass jedes Körperteil direkt mit seiner Umgebung verbunden ist. Normalerweise denken wir zwar: *Ich bin nicht die Luft. Ich brauche zwar Luft, aber ich bin keine Luft.* Aber könntest du überhaupt ohne Luft zum Atmen existieren? Könntest du ohne Wasser existieren? Und woher kommt Wasser? Die Wolken, die Bäche, die Flüsse, der Regen und die Elemente, aus denen dein ganzer Körper besteht, befinden sich alle in unserer Umgebung oder in der sogenannten „Außenwelt". Jeder Aspekt des Körpers hängt von der Außenwelt ab. Der Körper ist ganz und gar ein Produkt seiner Umwelt.

Wir haben das Gefühl, dass „mein" Körper ein diskretes Objekt ist, das in der Welt herumläuft und sich durch das Leben bewegt, weil uns beigebracht wurde, dass das „ich" in einem Körper enthalten ist. Doch wenn wir anfangen, dem auf den Grund zu gehen, erkennen wir, dass der Begriff dieses Ichs und das damit verbundene intuitive Gefühl illusorisch sind. Wir erkennen, dass wir unsere Umwelt sind. Getrennt von der Umwelt gibt es uns nicht. Wir würden nicht existieren, wenn es keinen Regen gäbe, wenn keine Mineralien in der Erde abgelagert wären oder wenn es keine Nahrung gäbe. Jeder Teil unseres Körper-Geistes ist ein Produkt der Umwelt. Nimm die Umwelt weg, und es gibt keinen Körper-Geist.

Die konventionelle Art, Dinge zu definieren, schafft Grenzen, die uns vorspiegeln, dass die Dinge von ihrer Umgebung getrennt sind. Deshalb verschwinden, wenn wir tiefgreifende spirituelle Öffnungen oder Erkenntnisse haben, die Konstrukte der Grenzen, und wir fühlen uns als Ganzes und als Einheit. Dies ist die Erfahrung der grenzenlosen Einheit. Wir wissen, dass wir die Gesamtheit der Umgebung sind und dass die Gesamtheit der Umgebung gleichzeitig als ein Körper erscheint. Sie nimmt unsere Gestalt an und sie nimmt die Gestalt aller Phänomene an, die wir sehen. Es ist nicht so, dass wir unseren Körper verlieren, aber unser Körper ist das Universum, genauso wie wenn du auf deine Hand schaust, deine Hand mit deinem Arm verbunden ist, der mit deiner Schulter verbunden ist, die mit deiner Brust verbunden ist, die mit dem ganzen Rest deines Körpers verbunden ist. Wir können sagen, dass sich eine Hand von einem Ellbogen oder von einer Schulter unterscheidet, und manchmal kann es hilfreich sein, so zu denken. Doch sobald wir dies tun, beginnen wir, die Hand als eine abstrakte Sache zu denken, zu fühlen und sogar wahrzunehmen. Der Begriff deiner Hand endet an deinem Handgelenk. Doch eine tatsächliche Hand umfasst immer auch ein Handgelenk und einen Arm, der wiederum einen ganzen Körper umfasst. Wenn deine Hand die Gesamtheit dessen erkennen würde, was sie ist, würde sie nicht an deinem Handgelenk beginnen. Dort beginnt nur die Vorstellung. Manchmal sind diese Vorstellungen von Dingen nützlich, aber sie sind nicht wahr.

Die Grenzen, die den Dingen ihre Namen geben, sind Illusionen. Es gibt keine Grenzen, denn alles geht in alles andere über, genau wie Geburt, Leben und Tod. Im tiefen Zustand der Verwirklichung erkennen wir, dass alles auch alles andere ist. Wir durchbrechen plötzlich die Art und Weise, wie unsere Begriffe unsere Wahrnehmung und damit unsere Erfahrung verzerren, und wir verstehen, dass ein einzelnes Sandkorn ein ganzes Universum einnimmt. Daher ist im tiefsten Sinne ein einzelnes Sandkorn das Universum, und das Universum ist ein einzelnes Sandkorn. Es ist dasselbe Ding. Die Grenzlinien sind rein begrifflich.

In einer tiefen spirituellen Erfahrung fallen die Grenzlinien und wir haben eine buchstäblich grenzenlose Erfahrung des Seins. Dies bringt ein außergewöhnliches Gefühl von Freiheit, Wohlbefinden und Intimität mit der gesamten Umwelt und mit unserer Einheit mit allen Dingen. Dies sind nicht nur gut klingende spirituelle Plattitüden oder einfache oder ausgefallene Konzepte, denen man entweder zustimmen oder nicht zustimmen kann. Dies sind Versuche, der wirklichen Wahrnehmung Worte zu geben, die Existenz auf eine bestimmte Art und Weise zu erkennen – auf eine wahrere Art und Weise. Der Ego-Geist wird durch Erinnerungen und Begriffe geschaffen, und Begriffe schaffen von Natur aus Grenzen, denn jedes Mal, wenn wir etwas beim Namen nennen, ist dies nur sinnvoll durch die Abgrenzung dem gegenüber, was es *nicht* ist. Wie ich bereits sagte, besteht ein Teil des Erwachens darin, das Leben direkt zu sehen und zu erleben, nicht durch all diese Grenzen, die durch Sprache und Erinnerungen geschaffen werden. Eine tiefe spirituelle Offenbarung zeigt uns, dass wir nicht von allem getrennt sind, dass das Leben selbst keinen Anfang und kein Ende hat und dass es ständig seine Form ändert. Wasser verwandelt sich in Wolken oder Nebel, fällt zu Boden, erkaltet, wird zu Eis, erwärmt sich, schmilzt, wird gasförmig und so weiter. Ein Baum fällt im Wald, und seine Elemente kehren in den

Boden zurück, setzen Nährstoffe frei und lassen neue Bäume und neue Elemente entstehen. Die neuen Bäume fallen wiederum und das Leben geht weiter. Die Energie bleibt erhalten, das Leben verändert sich und es gibt nie mehr oder weniger davon.

Wenn wir uns mit einer bestimmten Form identifizieren, erleben wir dieses Ding namens Tod als letztgültige Bedrohung – mit anderen Worten, als Ende von „Ich". Was wir dann glauben, ist Folgendes: *Ich identifiziere mich mit dem Leben, das auf diese besondere Weise erscheint – so wie ich in den Spiegel schaue, wenn ich morgens aufwache – und der Tod ist das Ende dieser Form. Deshalb ist es auch mein Ende.* Wenn wir uns so identifizieren und wenn wir das Leben so erleben, haben wir Angst vor dem Tod, weil wir ihn als unser Ende erleben werden. So wird es dann auch sein, weil das Ich-Selbst den Tod und die Transformation der Form nicht überlebt. Wenn das Leben seine Form ändert – was im Tod geschieht –, geht nichts vom Leben, von der Art dieses Wesens, auch nicht vom physischen Körper, irgendwohin. Es verschwindet nicht, aber es ändert seine Form. Jemand könnte sagen: „Nun, das ist eine schöne spirituelle oder religiöse Idee, mit der man sich trösten kann". Doch ich spreche hier nicht über Ideen. Mir ist klar, dass es wenig bis gar nichts nützt, zu glauben was ich hier vorbringe. Wenn du es glaubst, kann dieser Glaube dem Erleben sogar im Wege stehen, weil du an dem Glauben festhältst und es dir nicht mehr um die tiefe Erfahrung geht.

Ich spreche nicht von einer tröstlichen Philosophie oder Idee. Ich spreche von einer völlig anderen Art, das Leben von Moment zu Moment zu erleben. Wenn wir dies auf einer tiefen und fundamentalen Ebene erreichen, erkennen wir, dass es keine Geburt und keinen Tod gibt, weil wir nicht irgendwie aus dem Nichts auftauchen und jemand werden, nur um wieder im Nichts zu verschwinden. Das ist eine Unmöglichkeit. Das Leben nimmt mit einem Schlag eine Gestalt an. Plötzlich ist da ein Baby, wo es vorher noch keines gab, und während seiner gesamten Existenz verändert es sich: Es wächst heran, und wenn es alt genug ist, entwickelt es sich irgendwann wieder zurück und schrumpft. Sogar unser eigener Körper, den wir für so stabil halten, befindet sich in einem ständigen Veränderungsprozess. Die Zellen sterben ständig ab, was bedeutet, dass sie ihre Form ändern und neue entstehen. Das ist ebenfalls eine Möglichkeit, die Form zu ändern.

Wenn wir uns mit dem Ego-Geist identifizieren, dann ist der Tod eine reale Sache. Aber wenn wir zur Allheit der Existenz erwachen – wenn wir uns nicht länger von ihr getrennt sehen –, dann ist der Tod nicht das Ende von irgendetwas. Das Leben nimmt lediglich diese besondere Form an. Manchmal trauern wir, weil wir es geliebt haben, dass das Leben als eine bestimmte Person auftaucht. Was ich hier vorschlage, ist keinesfalls eine Verneinung. Manchmal, wenn das Leben seine Form ändert und es nicht mehr die Form unseres Freundes, unseres Bruders oder unseres Geliebten ist, erleben wir Abwesenheit, Trauer und Schmerz. Das Verständnis der großen Angelegenheit von Geburt, Leben und Tod ist keine Ablehnung von Veränderungen. Es geht darum zu sehen, dass die Existenz, das Leben als solches, sich ständig verändert. Wenn es sich verändert, gibt es keinerlei Verminderung des Lebens. Wenn wir uns mit dem Ganzen identifizieren, dann verstehen wir, dass wir in diesem Moment, der Geburt genannt wird, nicht entstehen, und in dem Moment, der Tod genannt wird, nicht aufhören. Es wird grundlegende und radikale Veränderungen geben, die das Leben durchmacht. Geburt ist eine radikale Veränderung der Form, die das Leben angenommen hat, und Tod ist ebenfalls eine radikale Veränderung, da das Leben nicht mehr diese bekannte Gestalt hat. Dieses Verständnis, zu dem ich komme, ist nicht die Ablehnung von Veränderungen. Was ich hier anspreche, ist eine tiefere Erkenntnis von „Was bin ich?". Ein entscheidender Teil des spirituellen Wachstums oder der Erleuchtung ist das Aufwachen aus der Halluzination von Grenzen.

Übe zu erkennen, wie die Sprache – jedes Wort, das du und ich sprechen – den Dingen diese Grenzen auferlegt. Etwas zu benennen bedeutet, es von seiner Umgebung abzugrenzen. Sobald du etwas benennst, ist es, als würdest du einen Bleistift nehmen und das Objekt entsprechend seiner Definition umreißen. Wenn du es anders definierst, ändert sich der Umriss. Aber das Leben hat diese Umrisse nicht. Eine Sache existiert nicht auf einer Seite der Linie und eine andere Sache auf der anderen Seite der Linie. Stattdessen gibt es ein Kontinuum. Auch wenn ein Baum anders aussieht als eine Blume und ein Mensch anders aussieht als ein Hund, und obwohl das Leben eine unendliche Vielfalt an Formen, Gestalten, Farben, Texturen und Persönlichkeiten annimmt, ist alles Leben Bestandteil des Seins. Es ist, wie wenn der Ozean die unzähligen Formen verschiedener Wellen annimmt, aber zu keinem Zeitpunkt die Welle etwas anderes als der Ozean ist, und zu keinem Zeitpunkt der Ozean etwas anderes als die Welle ist. Sobald wir das Wort „Welle" sagen, ist es, als ob eine Welle dieses Ding ist, das auf der Oberfläche des Ozeans schwimmt. Unsere Grenzen definieren die Welle so, als ob sie separat existierte. Dem ist jedoch nicht so und es könnte auch gar nicht so sein.

Schaue dir an, wie die Gewohnheit, Dinge zu definieren, sie von ihrer Umgebung abzuschneiden scheint, obwohl alles, was du definierst, niemals unabhängig von einer Umgebung existiert. Dein Körper existiert nicht unabhängig von der Umgebung. Deine Geburt geschieht nicht unabhängig von deinem Tod. In einem tiefen Sinne ist das Universum eine Erweiterung deines wahren Körpers, und dein Körper ist eine Form, die das Universum jetzt annimmt. Meditiere darüber. Denke mit Leichtigkeit darüber nach und staune darüber, wie ein Kind, mit Neugierde, mit innerer Beweglichkeit und Achtsamkeit auf den Körper.

Du bist Buddha

Deine Form wird irgendwann aus dem Sein verschwinden – verwirklicht oder nicht – aber die Wirklichkeit kennt kein Kommen oder Gehen.

Zu sagen, dass die gesamte Praxis des Zen darin besteht, die große Angelegenheit von Geburt, Leben und Tod zu lösen oder anzugehen, ist eine große Aufgabe. Frieden zu finden mit Geburt und Tod als verschiedenen Formen der einzigen Wirklichkeit deines Daseins ist (zumindest teilweise) gleichbedeutend damit, geistig zu erwachen und erleuchtet zu werden. Wir können sicher sein, dass alle Menschen Geburt, Leben und Tod gemeinsam haben.

Beginnen wir mit der Erfahrung der Geburt. Sie ist eine endgültige Erfahrung, nicht nur für diejenigen von uns, die geboren werden, sondern auch für die Mütter, die uns gebären. Der Geburtsakt definiert Mutter und Kind. Wie wir wissen, verwenden Zen-Lehrer häufig *Kōans* oder existenzielle Fragen als Lehrmittel. Viele dieser Fragen sind so formuliert, dass sie deiner Fähigkeit, begrifflich zu denken, Fesseln anlegen, in der Hoffnung, dass du in eine Offenbarung, ein Erwachen oder eine direkte Erfahrung gerätst und nicht in eine Erfahrung, die durch dein Verständnis der Vergangenheit oder durch die Ideen, die du im Kopf hast, angepasst und verzerrt wurde. Ein häufig verwendetes *Kōan* fragt: „Wer warst du, bevor deine Mutter geboren wurde? Wer warst du, bevor deine Eltern geboren wurden?" Eine solche Frage kann uns leicht dazu verleiten, philosophisch zu werden: *Ich stelle mir vor ... ich wäre reiner Geist oder reines Bewusstsein und schwebte in der Leere der Zeitlosigkeit, dann hatten irgendwann meine Eltern eine tolle Nacht und ... Boom! Ich wurde in den Leib meiner Mutter gestoßen, nur um in dieses Ereignis namens Leben gestoßen zu werden.* Wenn du deine metaphysischen

Spekulationen einem Zen-Meister vorbringst, erhältst du einen konzeptuellen, wenn nicht einen buchstäblichen Schlag auf den Kopf, um zu sagen: „Komm schon, komm darüber hinweg. Du betrachtest die Dinge immer noch durch die Brille deiner Begrifflichkeit, deiner Vorstellungen und deiner Beschreibungen." Die Beschreibung ist nicht das, was beschrieben wird. Deine Beschreibung von etwas ist weit entfernt von dem Eigentlichen, was sie beschreibt. Denk daran: *Verwechsle die Speisekarte nicht mit dem Essen.* Das scheint offensichtlich, wenn man in ein Restaurant geht, aber in den anderen 99 Prozent des Lebens ist es genau das, was wir Menschen tun. Wir haben die Realität von uns selbst und der Welt um uns herum und von allem – Gott, Realität, Leben gleichermaßen – durch ihre Beschreibung ersetzt, und wir haben vergessen, dass unsere Beschreibungen von Dingen fast nichts mit den Dingen selbst zu tun haben.

Wenn wir nur diesen einen Punkt verstehen könnten! Wir widersetzen uns, obwohl es so offensichtlich ist, wenn du darüber meditierst, dass die Beschreibung von etwas fast nichts mit dem zu tun hat, was wir beschreiben. Die Beschreibung, ein Glas Wasser zu trinken, schafft nicht die Erfahrung, ein Glas Wasser zu trinken – es erzeugt nicht die Kühle des Wassers, es erzeugt nicht die Flüssigkeit von Wasser, es erzeugt nicht den Wasserfluss und nicht das Gefühl, den Durst gestillt zu haben. Die raffinierteste Beschreibung von etwas so Einfachem wie einem Glas Wasser kann nichts davon, oder? Schau dir doch unser Leben an: Wir verwechseln unsere Beschreibungen der Dinge endlos mit den Dingen selbst und trennen uns so von der Wirklichkeit und von unserer direkten Erfahrung. Das führt zu einem Gefühl der Isolation und Entfremdung.

Es ist wie in einem Gefängnis, in dem man durch ein Fenster das Leben außerhalb der Gefängnismauern sehen kann, aber die einzige Verbindung, die man mit der Außenwelt hat, sind die Notizen von jemandem, der beschreibt, wie es auf der anderen Seite dieser Mauer ist – der Sonnenschein, die Bäume, die Vögel, der Regen, die Landschaft – und so fühlst du dich von dir selbst, von anderen und vom Leben entfremdet. Der Intellektuelle denkt: *Wenn ich die Dinge besser beschreiben würde, würde ich mich nicht so entfremdet fühlen.* Glaub mir, ich liebe großartige und genaue und schöne Beschreibungen von Dingen – es gehört dazu, wenn man ein Lehrer ist. Ich kann die Kreativität und die Kunstfertigkeit und den Nutzen dieser Beschreibungen durchaus schätzen. Aber ich versuche, niemals die Beschreibung mit der direkten Erfahrung zu verwechseln.

Je näher wir dem Verständnis dieser direkten Erfahrung kommen, desto demütiger wird der Prozess und desto mehr können wir beginnen, den Themen Geburt, Leben und Tod auf den Grund zu gehen. *Wer bin ich? Woher komme ich? Wie heißt dieses Ding Leben – diese Unermesslichkeit, in der ich herumzulaufen scheine und Luft einatme und mit der ich ständig zu tun habe? Was ist Leben? Was ist das Ding, das wir die Welt, das Universum oder den Kosmos nennen?* Fragen der Geburt und des Lebens führen uns natürlich zu Fragen des Todes. *Was ist der Tod jenseits meiner Angst vor ihm? Was ist seine Wirklichkeit?* Nicht dein Tod, sondern irgendein Tod: *Was passiert, wenn der Tod eintritt?*

Der Tod ist ein radikaler Moment der Veränderung. Mit dem Tod gibt das Leben die jeweilige Form, die gestorben ist, auf: einen geliebten Menschen, ein Tier, ein Insekt, ein Blatt, das von einem Baum herabschwebt, einen Apfel, der zu Boden fällt – oder dich selbst. Das Wesen des Todes ist eine Veränderung, eine Transformation, und sie geschieht ständig. Das Leben hängt von ihm ab, denn das Leben ist Bewegung, es ist Veränderung, es ist wie eine brennende Flamme. Es ist nicht statisch. Geburt, Leben und Tod sind Möglichkeiten, Veränderung oder Verwandlung zu beschreiben: Eine Sache wird zu einer anderen Sache, der Baumstamm wird wieder zum Waldboden, wird kompostiert, zerfällt in Elemente, nur um Teil dessen zu werden, was einen anderen Baum oder einen anderen Grashalm antreibt. In diesem Sinne ist das Leben selbst ewig. Es ändert sich zwar ständig, da es von Natur aus unbeständig ist. Doch der Tod ist nicht das, was wir uns vorstellen.

Der Tod ist das Ende des Lebens in einer bestimmten Form. Wenn das Leben diese Form nicht mehr annimmt, können wir diese Form vermissen, wir können darüber trauern und es kann uns zutiefst erschüttern, eine Form loszulassen, die das Leben angenommen hatte – die Form eines geliebten Menschen, eines Kindes, einer Großmutter, eines Großvaters, besten Freundes, Liebhabers, einer Frau oder eines Ehemanns. Ich will das nicht geringschätzen, aber die Wirklichkeit dieses Wesens – die Wirklichkeit dieses Lebens, seine Art – ist endlos und unsterblich. Das Leben wird nicht von etwas zu nichts. Wir wissen das, weil die

Wissenschaft es bestätigt. Dinge ändern ihre Form, aber es gibt nie mehr oder weniger Leben. Wenn wir uns streng mit einer bestimmten Form identifizieren, wird der Tod wie eine Katastrophe erscheinen, und wir werden nach Wegen suchen, um den Tod zu vermeiden, zu überleben und irgendwie durch das Netz der Veränderung zu schlüpfen. Vielleicht stelle ich mir vor, ich werde in verschiedenen Lebensformen leben, so wie ein Pilot auf den Sitzen verschiedener Flugzeuge sitzen oder ein Fahrer in verschiedene Autos ein- und aussteigen kann. Es gibt viele Möglichkeiten, wie Menschen versuchen, die Realität des Todes zu betrügen. Die Realität ist jedoch nicht das, was uns erzählt wurde. In der Realität geht es nicht um Beendigungen, sondern um Transformationen, um das Leben, das sich von einer Form in die nächste verwandelt.

Das Leben ist ein ständiger Prozess von Geburt und Tod. Die Geburt selbst ist ein Leben, das sich von einer Form in eine andere verändert. Das Leben beginnt nicht, wenn du aus dem Mutterleib kommst, und es endet nicht, wenn dein Herz aufhört zu schlagen. Die Geburt geschieht ununterbrochen, das Leben geschieht ununterbrochen und der Tod geschieht ununterbrochen. Die erleuchtete Perspektive ist, zu sehen, dass wir das Ganze sind, aber wir sind auch Leben, das eine bestimmte Form annimmt. Dies ist keine Ablehnung dieser bestimmten Form. Viele denken, dass die Einheit irgendwie eine Ablehnung der Einzigartigkeit oder Individualität ist, aber das ist es nicht. Das Leben nimmt einzigartige Formen an, da oberflächlich betrachtet, im Bereich von Sehen, Riechen, Schmecken und Berühren, keine Form wie die andere aussieht. Jede Form unterscheidet sich von jeder anderen Form – ein Baum sieht anders aus als ein Stein, und ein Stein unterscheidet sich von einem Menschen – aber sie bestehen alle aus Leben. Ich benutze hier das Wort „Leben“, um alles zu erfassen, was ist.

Es braucht ein ganzes Universum, um einen Menschen zu erschaffen. Wenn es kein Universum gibt, dann gibt es kein Ich und kein Du. Um zu meiner Analogie der Welle zurückzukehren: Du bist wie eine Welle im Ozean, aber du bist auch der Ozean, weil die Welle vollständig aus dem Ozean besteht und den Ozean niemals verlässt. Es gibt keine Welle, die einen Meter über der Meeresoberfläche schwebt und von ihr abgeschnitten ist. Die Welle ist immer verbunden: sie ist der Ozean, und sie ist der Ozean, der wogt. Unser Leben ist wie eine Welle: Es beginnt, und dann bricht die Welle eines Tages am Ufer, und ihre Form verschwindet. Gibt es deswegen weniger Wasser? Nein. Aber ist die Welle selbst weg? Ja, komplett weg. Wenn uns diese bestimmte Welle gefallen hat, könnten wir sie vermissen und darum trauern, dass das Meer diese Form nicht mehr annimmt.

Dies unterscheidet sich von unserer herkömmlichen Auffassung vom Tod, dass jemand, der stirbt, aus seiner Existenz herausfällt. Wenn Sie jemals mit jemandem zusammen waren, der im Sterben liegt, wissen Sie, dass die Änderung der Form, der Moment des Todes, deutlich spürbar ist. Selbst wenn Sie in diesem Moment die Augen geschlossen haben, wissen Sie, es ist ein kraftvoller Moment. Es ist eine Ehre, anwesend zu sein, wenn jemand verstirbt, da es eine tiefe und bewegende Erfahrung ist. Doch der Tod wird anders erlebt, wenn wir wissen, dass das Leben nicht verschwindet, dass nur die Form verschwindet. Deshalb können Menschen einen geliebten Menschen verlieren und plötzlich überall ihren geliebten Menschen fühlen. Wir betrachten dies als eine poetische Erfahrung – die menschliche Vorstellungskraft, die in der Erinnerung ein Bild einer geliebten Person projiziert. Doch jenseits der Vorstellungen gibt es noch eine Realität. Diese Person war immer das Leben, und obwohl die Form des Lebens verschwunden ist, ist das Leben selbst überall. Zu fühlen, dass jemand überall ist, ist nicht nur ein romantischer Trost, der von den Trauernden geschaffen wird. Es berührt eine grundlegende Realität: Die Formen ändern sich, und es gibt einen endgültigen Moment der Änderung der Form, aber es gibt nicht mehr und nicht weniger Leben.

Wenn ein Christ die Realität Christi betrachtet, wenn er in die Tiefe damit geht, wird er schließlich erkennen, dass Christus keine historische Figur war. Die Geschichte sagt uns, dass es jemanden namens Jesus gab und das Leben die Form dieses Mannes annahm, oder vielleicht nahm Gott diese Form an, aber Jesus – transzendent von der Form – war die ganze Zeit das ganze Leben. Im nichtkanonischen, frühchristlichen Text des Thomasevangeliums sagte Jesus: „Spalte Holz, ich bin da. Hebe einen Stein hoch, du wirst mich dort finden.“ Viele Berichte erzählen von christlichen Kontemplativen, die überall die Realität Christi entdecken, auch in Form ihres eigenen Körpers. Es gibt auch Berichte von Buddhisten, die plötzlich erkennen, dass ihr Körper der Buddha ist, ebenso wie jeder andere Körper und alles andere. Diese Erkenntnis ist nicht exklusiv. Die Vorstellung „Ich bin der Buddha und du bist es nicht" beruht auf einer Täuschung.

„Buddha" ist ein Wort für das, was alle Formen hervorbringt, alle Formen *ist* und den Wandel der Formen überlebt. Es ist das Wesen, die Realität und das Sosein. Ich versuche, ein herkömmliches, unauffälliges Wort zu verwenden, und nenne es „Leben". Das Leben transzendiert alle Formen. Ich war lange bestrebt, meine Buddhanatur (wie wir im Buddhismus sagen würden) überall zu verfolgen, mich umzuschauen, in mich hineinzuschauen, überall hinzuschauen, bis mir plötzlich klar wurde: *Ich bin die Buddhanatur. Alles an mir ist die Buddhanatur.* Du bist die Buddhanatur, alle Existenz ist die Buddhanatur, und die Abwesenheit der Existenz ist die Buddhanatur. Was für eine befreiende Entdeckung! Es gibt keine Angst mehr vor dem Tod, wenn wir das gesehen haben und Tag für Tag damit leben, denn der Tod bedeutet kein wesentliches Ende. Es gibt nicht mehr oder weniger Leben und es gibt nicht mehr oder weniger von dir.

Es heißt, als die Menschen Ramana Maharshis bevorstehenden Tod durch Krebs beklagten, dass er fragte: „Warum bist du so an diesen Körper gebunden? Wohin kann ich gehen? Ich bin hier." Er erlebte bereits Identifikation mit dem Universellen. Er sagte: „Es gibt nur das Selbst." Ich benutze das Wort „Leben" genauso wie er das Wort „Selbst". Es gibt nur das Selbst. „Wohin kann ich gehen?" Überall ist schon das Selbst oder das Leben. Nur weil das Selbst nicht mehr die Form annimmt, die wir Ramana nennen, heißt das nicht, dass das Selbst aus der Existenz verschwindet. Das Selbst ist immer noch überall und in allem perfekt präsent. Die Form des Ramana veränderte sich, starb oder ging von uns, aber das Selbst – die Gesamtheit dieser Form, bis hin zu ihrer Biologie und Chemie und dem, was seine Biologie und Chemie transzendiert – ist überall. Sie existiert in Indien nicht mehr als mitten in San Francisco, Pittsburgh, Amsterdam, Paris, auf einem grünen Berg, in einem wunderschönen buddhistischen Tempel oder in einer Kirche, die seit Jahrhunderten verehrt wird. Wenn wir die Realität der Dinge sehen, hören wir auf, uns darüber zu streiten, was die wahre Form ist und was nicht.

Unsere wahre Natur entsteht nicht bei der Geburt, und sie erlischt nicht beim Tod. Nur unsere Form, die Form, die das Leben angenommen hat, entsteht bei der Geburt und erlischt beim Tod. Deshalb wissen wir, wenn wir erwachen, wenn wir erkannt werden, dass es keine Geburt oder keinen Tod in einem wesentlichen Sinne gibt. Es gibt den Wechsel der Formen, aber nicht den Anfang und das Ende der eigenen Existenz. Wenn sie im Zen sagen, dass der wahre Grund für das gesamte spirituelle Bestreben darin besteht, die große Angelegenheit von Geburt, Leben und Tod zu lösen, meinen sie es ernst.

Ich verspreche dir, dass es eine Lösung für die große Angelegenheit von Geburt, Leben und Tod gibt. Diese Erkenntnis enthebt dich nicht von den Herausforderungen des Lebens, der Geburt oder des Sterbens. Es bedeutet nicht, dass du niemals über den Tod eines Menschen trauern wirst, aber es wird anders sein, wenn du nicht fälschlicherweise glaubst, dass das, was die Person war, verschwunden ist. Die Form, die die Person angenommen hat, ist verschwunden, und du hast die Form vielleicht geliebt und geschätzt – so wie du vielleicht das Selbst oder die Buddhanatur oder das Leben in dieser Form vermisst. Doch es gibt kein mehr oder weniger Leben, es gibt kein mehr oder weniger Buddhanatur, und es gibt kein mehr oder weniger Christus. Dies ist eine ganz andere Art, Geburt, Leben und Tod zu erleben: Es ist keine Verleugnung dieser Dinge, aber es sieht, was sie sind, und ist daher etwas Befreiendes. Deine Form wird irgendwann aus dem Sein verschwinden – verwirklicht oder nicht – aber die Wirklichkeit kennt kein Kommen oder Gehen.

Ich sage dies, um die Selbsterkundung zu fördern. Du kannst glauben, was ich lehre, oder auch nicht – das ist dein gutes Recht –, aber es spielt keine Rolle. Wenn du es glaubst, ist das nicht wichtiger, als es nicht zu glauben, denn etwas zu glauben ist nicht dasselbe wie es zu erleben, und etwas nicht zu glauben ist auch nicht dasselbe wie es zu erleben. Solange wir im Bereich der Akzeptanz und Ablehnung, des Glaubens und des Unglaubens gefangen sind, leben wir in einer Welt der Abstraktion. Das ist es, was spirituelle Lehrer meinen – zumindest meine ich es –, indem sie sagen, dass wir in einem Traum leben. Deshalb geht es nicht darum, zu glauben oder nicht zu glauben.

Ich ermutige dich, eine tiefe und echte Neugierde zu haben, eine tiefe Entschlossenheit, über die Welt hinauszugehen, die durch Begriffe und Vorstellungen geschaffen wird (so nützlich diese auch sein können). Ich ermutige dich, aus einem abstrakten Leben aufzuwachen, aufzuhören, das zu mögen, was dein Verstand dir sagt zu mögen, und das nicht zu mögen, was dein Verstand dir sagt, nicht zu mögen. Ich ermutige dich, nicht mehr mit dem übereinzustimmen, was dein konditionierter Verstand dir sagt, und nicht das abzulehnen, was dein konditionierter Verstand möchte, dass du es ablehnst. Ich ermutige dich, aus der Endlosschleife deines Wachtraums zu erwachen. Ein echter spiritueller Impuls kommt zu einem Großteil aus der Unzufriedenheit mit dem Leben in diesem Traum. Der wahre Instinkt für Erleuchtung oder Erwachen oder Gott kommt von dieser Art Unzufriedenheit. Er kommt aus dem Wunsch, kein abstrahiertes Leben mehr zu führen, nicht länger zu wollen, dass dein Leben weiterhin zur Welt der Trauer beiträgt, und deine Aufmerksamkeit auf die reiche und tiefe Erfahrung des Seins zu lenken, statt einer selbsterzeugten begrifflichen Konstruktion Glauben zu schenken. Dies ist der wahre Erleuchtungsimpuls.

Ich hoffe, ich habe dir einige hilfreiche Hinweise gegeben, wie du vorgehen kannst, um die konditionierte Welt und das imaginierte Ich zu hinterfragen und in deine wahre Natur einzutauchen. Denn wir alle sind Buddhas. Es gibt nur den Buddha und nur das Selbst. Christus ist überall wo du hinschaust. Jesus, der Mensch, die Form, die Christus annahm, wurde geboren, lebte und starb, aber der Christus, den Jesus ganz und gar verkörperte, ist jederzeit überall – wir sind in dieser Hinsicht alle Kinder Gottes. Das Geschrei und die verzweifelte, angsterfüllte Suche nach dem Göttlichen finden statt, wenn wir davon überzeugt sind, dass das Göttliche irgendwo außerhalb von genau hier und genau jetzt liegt. Mach deine Suche zu einer neugierigen Suche: Verbinde dich wieder mit ihrem Gefühl des Staunens und der Ehrfurcht, gehe in die stillen Orte in dir selbst und brich aus dem Käfig deines begrifflichen Denkens aus. Vertraue den stillen Räumen im Inneren, denn sie sind die höchsten *Sutras* des Daseins.

Foto: Steve Kurtz

Über den Autor

Adyashanti ist ein in den Vereinigten Staaten von Amerika geborener spiritueller Lehrer, der sich dem Erwachen aller Wesen widmet. Seine Lehren sind eine offene Einladung, innezuhalten, nachzufragen und zu erkennen, was im Kern aller Existenz wahr und befreiend ist. Zu seinen Büchern gehören *Sacred Inquiry, Emptiness Dancing, The End of Your World, True Meditation, The Way of Liberation, Falling into Grace* und *Resurrecting Jesus.* Auf Deutsch erschienen sind *Tanzende Leere, Sein, In Gnade fallen* und *Jesus, der Zenmeister.*

Adyashanti wurde 1996 von seinem Zen-Lehrer, der ihn vierzehn Jahre lang begleitet hatte, aufgefordert, selbst zu lehren. Seitdem bietet er Lehren an, die frei von jeglicher Tradition oder Ideologie sind. „Die Wahrheit, auf die ich hinweise, ist nicht auf religiöse Sichtweisen, Glaubenssysteme oder Lehren beschränkt, sondern steht allen offen und ist in allem zu finden."

Weitere Informationen findest du unter www.adyashanti.org

P. D. Ouspensky
Der Vierte Weg
Anleitung zur Entfaltung des wahren menschlichen Potentials nach G. I. Gurdjieff

advaitaMedia
Hardcover, 648 Seiten
ISBN: 978-3936718-30-0

Der Vierte Weg

Anleitung zur Entfaltung des wahren menschlichen Potentials nach G. I. Gurdjieff

„Der Vierte Weg" ist eine der Hauptquellen, aus der wir heute aus der Weisheit Georges I. Gurdjieffs (1866–1949) schöpfen können. Es ist die umfassendste Zusammenstellung der Vorlesungen von Peter D. Ouspensky (1878–1947), des wichtigsten Vermittlers von Gurdjieffs Lehren, die je in Buchform erschienen ist.

Gurdjieff grenzte einen „Vierten Weg" ab gegenüber den drei traditionellen spirituellen Wegen: dem des Fakirs, dem des Mönches und dem des Yogi. Während der Fakir sich auf die Wahrnehmung und Erweiterung des Körperbewusstseins (im „ersten Gehirn") begrenzt, der Mönch auf die des fühlenden Bewusstseins (im „zweiten Gehirn") und der Yogi auf die des denkenden Bewusstseins (im „dritten Gehirn"), ist der „Vierte Weg" frei von solchen Begrenzungen. Er integriert die drei traditionellen Pfade sowie die drei Gehirne des Menschen. Gurdjieff hielt den „Vierten Weg", was seine Effektivität betrifft, den anderen dreien für überlegen. Es ist der Weg des „schlauen" Menschen.

„Der Vierte Weg" bedarf keines besonderes Settings - sei es eines Klosters oder eine Höhle im Himalaja; er kann genau dort gegangen werden, wo wir uns befinden. Er hat das Potential, das gesamte alltägliche Leben zu durchdringen. Er steht allen Menschen offen. Kernelemente des „Vierten Weges", wie die stetige Übung einer bestimmten inneren Achtsamkeit (Selbst-Erinnerung) und die Nicht-Identifikation mit Vorlieben und Abneigungen, entfalten ihre Wirkung unabhängig von Kultur und Zeit.

„Der Vierte Weg" ist ein Lehrbuch im besten Sinne - es besteht in weiten Teilen aus Dialogen zwischen Ouspensky und seinen Schülern. Es berührt, zu lesen mit welcher Lebendigkeit und welchem Enthusiasmus manche dieser Fragen formuliert wurden, und gleichzeitig zu wissen, dass schon ein langes Menschenleben seither vergangen ist. „Der Vierte Weg" ist seit Jahrzehnten ein Klassiker der Lehren Gurdjieffs und Ouspenskys.

OM C. Parkin
Intelligenz des Erwachens
Die spirituelle Neugeburt des Menschen

3. aktualisierte und erweiterte Auflage

advaitaMedia,
Hardcover, 544 Seiten
ISBN 978-3-936718-19-5

Intelligenz des Erwachens

Die spirituelle Neugeburt des Menschen

OM C. Parkin ist ein in Deutschland lebender spiritueller Meister, der die östliche Lehre der Nicht-Zweiheit mit westlicher Tiefenpsychologie und Elementen von Gurdjieffs „Viertem Weg" verbindet. Er steht für eine Spiritualität, die alle Aspekte des Menschseins integriert, und den Menschen dadurch bereit macht, die Frage „Wer bin ich?" zu stellen.

Intelligenz des Erwachens ist ein Lehrbuch zur Erkenntnis des SELBST durch das Gehen des inneren Weges und das Studium der Ewigen Philosophie. OM C. Parkin erläutert darin die Grundlagen des Befreiungsweges, den ein verinnerlichter Mensch jenseits konfessioneller Bindung in diesem Leben gehen kann, um das Wissen um seine wahre Natur zu erlangen. In vier Kapiteln werden die Grundpfeiler dieses Pfades, das Studium des Geistes, das Verständnis des Leidens, des inneren Weges selbst und der Lehrer des Weges, ausführlich dargestellt.

„Dieses Buch beantwortet Fragen, die viele spirituelle Sucher sich stellen; es sind auch meine Fragen. Ich bin aufgerufen, mit offenem Herzen und offenem Geist diesen genialen Ausführungen zu folgen – dann öffnen sich Türen und ich sehe: Es geht um mich! Mein Forschergeist, meine Neugier, mein Wunsch zu verstehen werden belohnt. Dieses Buch ist von einzigartiger Kraft, die im tiefsten Inneren einen Eindruck hinterlässt. Ich halte etwas Kostbares in meinen Händen."

C.W. – eine Leserin

www.advaitamedia.com

David Godman
Papaji
Nichts ist jemals geschehen
Band III

advaitaMedia,
Softcover, 638 Seiten
ISBN: 978-3-936718-57-7

Papaji

Nichts ist jemals geschehen
Band III

Hariwansh Lal Poonja (1910-1997), von vielen Schülern Papaji genannt, lebte im indischen Lucknow. Durch seine dynamische Übertragung wurden sich viele Menschen in seiner Gegenwart der absoluten Realität jenseits des Ich-Geistes bewusst und gewahrten: Die uns bekannte „Welt" ist unwirklich. Mit diesem Band schließt die Trilogie vom Leben und Wirken Papajis.

In Briefen und Beschreibungen, die Papaji auf seinen in den 70er Jahren wieder aufgenommen Auslandsreisen notiert hat, wird dem Leser ein lebendiger Eindruck seiner Präsenz und Wirkung zuteil. Wir erfahren aus Mitteilungen seiner Schüler, die ihn in den 70er bis 90er Jahren in Indien getroffen haben, von außergewöhnlichen Erlebnissen, die sie in der Gegenwart Papajis hatten.

Papaji erlaubt uns Einblicke in ausgewählte Auszüge aus seinem Tagebuch, in das er über viele Jahre seine inneren Erfahrungen und Erforschungen verschiedener spiritueller Themen niedergelegt hat. Im letzten Kapitel wird umfassend das Wesen der Guru-Schüler Beziehung beschrieben. Es erläutert in Fragen und Antworten das unpersönliche und absichtslose Wirken des Gurus und zeigt radikal neue Einblicke in die Art und Weise, wie spirituelle Meister lehren.

In unserem Verlag ist auch erschienen:
Papaji – Nichts ist jemals geschehen
Band I und Band II

advaita media

www.advaitamedia.com